Jean-Jacques Rousseau

Discorso sull'origine della disuguaglianza tra gli uomini

Traduzione di Silvia Grossi

Collana filosofica curata da *Salvatore Primiceri*

Primiceri Editore

Finito di stampare nel mese di maggio 2019
presso Rotomail Italia Spa – Vignate (MI)
per conto di Primiceri Editore Srls
Via Savonarola 217, 35137 Padova
Prima Edizione
ISBN 978-88-3300-123-4
www.primicerieditore.it

Illustrazione di copertina: Ivan Zoni

UNA SOCIETA' DA RISTRUTTURARE

Prefazione di Salvatore Primiceri

Nel 1750 l'Accademia di Digione propose un concorso dal tema *"Se il rinascimento delle scienze e delle arti abbia contribuito a migliorare i costumi"*. Tra i partecipanti vi era Jean Jacques Rousseau, entrato da poco nel progetto dell'*Encyclopédie*, su invito di Diderot. Rousseau vinse il concorso e il suo *"Discorso sulle scienze e le arti"* diventò la prima vera opera di successo del pensatore nato a Ginevra nel 1712. Ma c'è di più. Il suo testo creò scalpore e scompiglio tra i filosofi francesi per via delle tesi rivoluzionarie in esso contenute e per l'aspra critica alla società civile. Già da questo primo "discorso" Rousseau, pur considerato un illuminista, rivelò posizioni in contraddizione, se non radicalmente opposte, alla corrente maggioritaria del tempo, innescando così una vera e propria rottura degli schemi consolidati.

Tale impostazione gli varrà senza dubbio un grande successo, ma anche critiche e invidie, talvolta sprezzanti.

Nell'elaborazione del suo pensiero influirono probabilmente due momenti precisi della sua vita: il tempo passato da piccolo col padre Isaac, un artigiano calvinista, a leggere molti libri (Rousseau era orfano di madre, deceduta poco dopo il parto) e la fuga del padre da Ginevra per evitare il carcere a seguito di una lite. Da questo secondo momento Rousseau fu costretto a lavorare presso molti "padroni" e in altrettanti luoghi, prima di stabilirsi a Parigi. L'aver subìto e conosciuto sin da giovane sofferenze, abusi di potere e ingiustizie maturarono in lui la convinzione che nella "società civile" ci fosse "qualcosa" di sbagliato che andava corretto per il bene di tutti.

Rousseau riuscì a rendere più lucido e compiuto il suo pensiero partecipando nuovamente, nel 1753, al bando di concorso indetto dall'Accademia di Digione. Questa volta il tema proposto era: *"Qual è l'origine della disuguaglianza fra gli uomini e se essa è autorizzata dalla legge naturale"*.

Nacque così il *"Discorso sull'origine della disuguaglianza tra gli uomini"*, qui proposto nella nuova traduzione di Silvia Grossi, nel quale Rousseau forza ancora di più gli schemi della tradizione, alimentando lo "scontro" con altri pensatori, in particolare con Voltaire che diventerà un vero e proprio "nemico". Questo secondo "discorso" non vinse il premio ma ebbe un notevole successo.

Invertire o addirittura mettere in discussione i presupposti di un ragionamento consolidato, si sa, non è cosa facile, proprio per le difficoltà e i rischi che possono sorgere nel tentare di far accogliere le proprie tesi all'esterno, soprattutto ad una platea non pronta alle "novità". Affermare, infatti, che l'uomo è per natura buono e che, a causa della struttura della "società civile", egli diviene un soggetto infelice, ingiusto e capace di fare del male ai suoi simili, suscita un certo stupore se si pensa al fatto che, razionalmente, l'organizzazione della convivenza umana negli schemi della società civile ha come principio lo scopo di rendere la vita degli uomini virtuosa e felice. Diviene, però, impossibile, per Rousseau, non domandarsi come mai, allora, l'uomo è sottoposto ovunque alle più atroci sofferenze, umiliazioni, ingiustizie, iniquità, disuguaglianze.

Rousseau esalta lo "stato di natura" dove l'uomo non ha motivo di attaccare un altro uomo, purchè abbia modo di procacciarsi il cibo. La vita nello "stato di natura" è serena, sana, pacifica e autosufficiente, basata su sentimenti naturali positivi che non comprendono, quindi, la malvagità, ma nemmeno la socialità o altre caratteristiche proprie dell'uomo "civilizzato".

Quando l'uomo iniziò a pensare che fosse utile organizzarsi nelle forme della società civile iniziarono i guai per l'intera umanità. Rousseau se la prendeva in particolare con la "proprietà privata", prima causa di disuguaglianza e conflitto fra gli uomini.

"Mi hai fatto quasi venire voglia di tornare a camminare a quattro zampe", ironizzò in modo pungente Voltaire dopo aver letto il "discorso" di Rousseau. Quello di Voltaire non era ovviamente un apprezzamento alle tesi di Rousseau, piuttosto il classico "rifiuto" ad approfondire una riflessione nuova e scomoda, che di bizzarro aveva solo l'apparenza (ma questo Voltaire lo sapeva benissimo).

Ammettere, infatti, che la società civile è stata costruita su un impianto sbagliato da cui emerge una plurima fonte di disagio piuttosto che di benessere, significherebbe ammettere una sorta di fallimento dell'azione morale, politica, razionale dell'uomo. Rousseau è chiaro: *"Il primo che dopo aver recintato un terreno disse <<questo è mio!>> e trovò altri tanto ingenui da credergli fu il primo vero fondatore della società civile"*. La responsabilità è di chi ha creato la proprietà privata e di tutti coloro che non hanno saputo fermarlo in tempo: *"Quanti crimini, conflitti, omicidi, orrori, avrebbe risparmiato al genere umano colui che strappando i paletti avesse gridato: "non date ascolto a questo impostore, i frutti sono di tutti e la terra è di nessuno"*. La proprietà privata su cui Rousseau punta il dito è, in particolare, quella basata sullo sviluppo della metallurgia e dell'agricoltura. La necessità di impiegare molti uomini al funzionamento della metallurgia implica che essi devono essere sfamati da chi svolge l'attività agricola, attività che vede organizzarsi con il metodo della divisione terriera. Pertanto l'interdipendenza tra queste due attività crea, nelle sue fasi di sviluppo, la nascita delle classi sociali dei poveri e dei ricchi.

Le disuguaglianze, quindi, non nascono nello "stato di natura", bensì nella "società civile"; più l'uomo si è allontanato dalla sua condizione naturale più si è avvicinato alla formazione delle disuguaglianze. Rousseau, prima di addentrarsi nell'esamina dell'uomo sociale, spiega le caratteristiche dell'uomo naturale al fine di non confondere i due piani. Troppo spesso, infatti, allo "stato di natura" vengono attribuite caratteristiche proprie, invece, di un uomo "civilizzato". L'uomo naturale ha sole due caratteristiche: l'istinto di sopravvivenza e l'incapacità di vedere soffrire i propri simili. Non nutre altri sentimenti e non farebbe male a nessun altro uomo a meno che non si ritrovi nella condizione di doversi difendere da un pericolo e, quindi, nella necessità di preservare la propria sopravvivenza. Le uniche disuguaglianze presenti nello "stato di natura" sono quelle di tipo fisico. Nell'uomo "civilizzato" si fanno strada, invece, disuguaglianze di tipo morale consistenti in poteri e privilegi di uomini su altri uomini. L'origine di tali disuguaglianze trova una spiegazione esclusivamente nella "società civile". L'uomo che abbia conservato una "mentalità" vicina allo "stato naturale" è più soggetto a subìre discriminazioni dal resto della società. Dalle classi sociali dei ricchi e dei poveri si sviluppano, poi, quelle dei potenti e dei deboli. Rousseau si spinge oltre e contesta, per certi aspetti, anche l'origine delle leggi. Esse sono nate per volontà dei ricchi al fine di preservare una permanente condizione di vantaggio sui poveri. In questo passaggio, Rousseau sembra quasi rievocare la celebre definizione della giustizia come "l'utile del più forte" data da Trasimaco nella "Repubblica" di Platone. L'impianto legislativo degli Stati non serve, quindi, a correggere le disuguaglianze ma a mantenerle vive in favore dei più forti. L'interesse utilitaristico dei potenti è quello di vedersi legittimate le loro proprietà e, quindi, propongono le leggi a tale scopo. I deboli, invece, hanno interesse solo a non vedersi privati della propria libertà e per questo non sponsorizzano alcuna legge. La rappresentanza politica, purtroppo, anziché adoperarsi per sanare le disuguaglianze, finisce per alimentare l'abuso di potere dei forti contro i deboli. La disuguaglianza alimenta la violenza, le guerra tra nazioni, i conflitti tra classi sociali. L'analisi di Rousseau pone le basi per quello che sarà il suo trattato più famoso, il *"Contratto Sociale"*, un patto per l'umanità e la convivenza civile che superi, appunto, le disuguaglianze. Rousseau propone di ritornare allo "stato di natura"? Il punto non è tornare indietro per evitare il progresso ma, tuttaltro, ripartire da presupposti e basi differenti per costruire una società egualitaria dove il progresso non costituisce un pericolo per alcun uomo. Rousseau propone quindi un nuovo "stato di natura civilizzato" dove non vi è spazio per guerre, malvagità e disuguaglianze, una vera "ristrutturazione" del percorso che ha portato alla nascita e allo sviluppo della "società civile" correggendone gli errori che hanno trasformato la condizione naturale di libertà dell'uomo ad una condizione di perenne prigionia: *"L'uomo è nato libero, ma ovunque è in catene"*.

Rousseau condusse un'esistenza travagliata. Per le sue idee fu spesso preso di mira da contestazioni e pesanti diffamazioni (si sospettò che la più grave gli fu mossa da Voltaire attraverso la divulgazione di un libretto anonimo in cui si rivelavano alcune scelte private tra le quali l'aver affidato i cinque figli alle cure di orfanotrofi. Voltaire, però, negò fermamente di essere stato egli stesso lui l'autore del libretto e che non sarebbe mai stato capace di muovere così tanto male nei confronti di Rousseau, pur ammettendo di non apprezzarlo). Negli ultimi anni della sua vita Rousseau si rifugiò a Ermenonville dal suo sincero ammiratore marchese René-Louis de Girardin, dove si isolò da tutti. Qui morì il 2 luglio 1778.

Il coraggio di formulare e divulgare con razionalità, cuore e coerenza un pensiero rivoluzionario, (le idee di Rousseau sull'uguaglianza ispirarono la Rivoluzione Francese del 1789), non sempre è accompagnato da un'esistenza serena del proprio autore. E' innegabile, però, che di questo coraggio dobbiamo ancora ringraziare Rousseau, delle cui idee e riflessioni se ne sente spesso il bisogno.

Discorso sull'origine della disuguaglianza tra gli uomini

INTRODUZIONE

E' dell'uomo che devo parlare; e la domanda che mi pongo mi sprona a parlarne proprio agli uomini.

Del resto, non ci si pongono simili domande quando si teme di onorare la verità.

Difenderò, quindi, con fiducia la causa dell'umanità di fronte ai saggi che m'invitano, e non sarò scontento di me stesso se mi renderò degno del mio soggetto e dei miei giudici.

Io concepisco nella specie umana due tipi di diseguaglianza; una, che io chiamo naturale o fisica, perché è stabilita dalla natura, e che consiste nella differenza delle età, della salute, delle forze del corpo, e delle qualità dello spirito, o dell'anima; l'altra, che si può chiamare disuguaglianza morale o politica, perché dipende da una sorta di convenzione, ed è stabilita, o almeno autorizzata, dal consenso degli uomini.

Questa consiste nei differenti privilegi di cui alcuni godono, a pregiudizio degli altri; come essere più ricchi, più onorati, più potenti di loro, o anche nel farsi obbedire.

Non si può chiedere quale sia la sorgente della diseguaglianza naturale, perché la risposta si trova enunciata nella semplice definizione della parola.

Ancora meno si può cercare se ci siano appunto dei legami essenziali tra le due diseguaglianze: perché sarebbe come chiedersi, in altri termini, se coloro che comandano siano necessariamente meglio di coloro che obbediscono, e se la forza del corpo e dello spirito, la saggezza o la virtù, si trovino sempre negli stessi individui, in proporzione della potenza, o della ricchezza: bella domanda forse per essere trattata dagli schiavi ascoltati dai loro padroni, ma che non conviene agli uomini razionali e liberi che cercano la verità.

Di cosa si tratta dunque precisamente in questo Discorso? Di puntualizzare nel progresso delle cose il momento in cui il diritto è succeduto alla violenza, la natura è stata sottomessa alla legge; di spiegare per quale incatenamento di prodigi il forte ha potuto decidersi a servire il debole, e il popolo ha comprato un riposo ideale, al prezzo di una reale felicità.

I filosofi che hanno esaminato le fondamenta della società hanno tutti sentito la necessità di ritornare fino allo stato della natura, ma nessuno di loro vi è arrivato.

Alcuni non hanno potuto mettere in equilibrio la supposizione, nell'uomo in questo stato, della nozione di giustizia e di ingiustizia, senza preoccuparsi di dimostrare che dovesse esserci già questa nozione, né anche che gli fosse stata utile.

Altri hanno parlato di diritto naturale che ciascuno ha di conservare ciò che gli appartiene, senza spiegare che cosa intendessero per appartenere; altri dando in partenza al più forte l'autorità sul più debole, hanno soltanto fatto nascere il governo, senza pensare al tempo che è dovuto fluire prima che il significato delle parole autorità e governo potessero esistere tra gli uomini.

Infine tutti, parlando senza interruzioni di bisogno, di avidità, di oppressione, di desideri e di orgoglio, hanno trasportato allo stato della natura delle idee che avevano preso nella società.

Parlavano dell'uomo selvaggio, e pensavano all'uomo civilizzato. Non è neppure sovvenuto, nello spirito della maggior parte dei nostri, di dubitare che lo stato di natura sia esistito, dato che è evidente, dalla lettura dei Libri Sacri, che il primo uomo, avendo ricevuto immediatamente da Dio le illuminazioni ed i precetti, non sia stato lui stesso dentro a questo stato, e che aggiungendo agli scritti di Mose la fede che deve loro tutta una filosofia cristiana, deve essere negato che, anche davanti al diluvio, gli uomini non si siano mai trovati nello stato puro della natura, a meno che non vi siano piombati a causa di qualche avvenimento straordinario.

Paradosso forte, imbarazzante da difendere, e di fatto impossibile da provare.

Cominciamo, dunque, con il respingere tutti i fatti, perché non toccano appunto la questione.

Non bisogna prendere le ricerche, con le quali si può entrare in questo soggetto, per verità storiche, ma soltanto come ragionamenti ipotetici e condizionali; più facile chiarire la natura delle cose che dimostrarne la reale origine, il che è somigliante a quello che fanno tutti i giorni i nostri fisici sulla natura del mondo.

La religione ci ordina di credere che Dio stesso, avendo tolto gli uomini dallo stato di natura, immediatamente dopo la Creazione, li ha resi ineguali perché ha voluto che lo fossero; ma ella non ci difende dal formare delle congetture estratte dalla sola natura dell'uomo e degli esseri che lo circondano, su ciò che avrebbe potuto diventare il genere umano, se fosse stato abbandonato a sé stesso. Ecco ciò che mi domando, e ciò che mi sono riproposto di esaminare in questo Discorso.

Il mio soggetto, interessando l'uomo in generale, mi farà tenere un linguaggio che conviene a tutte le nazioni; o piuttosto, dimenticando i tempi e i luoghi per non pensare che agli uomini a cui parlo, supporrò di essere nel liceo di Atene, ripetendo le lezioni dei miei maestri, avendo Platone e i Socratici per giudici, e il genere umano come uditore.

O uomo, di qualunque contrada tu sia, qualunque siano le tue opinioni, ascolta.

Ecco la tua storia, come ho creduto di leggerla, non nei libri dei tuoi simili che sono mentitori, ma nella natura che non mente mai.

Tutto ciò che sarà di essa, sarà vero. Non ci sarà falsità, se non ciò che ne avrò mischiato di mio, senza volerlo.

I tempi di cui sto per parlare sono ben remoti.

Quanto sei cambiato da ciò che eri!

E' per narrare il percorso della tua specie che ti vado a descrivere da prima che tu ricevessi le qualità, da prima che la tua educazione e le tue abitudini abbiano potuto depravarsi, ma che non abbiano potuto distruggersi.

C'è, io lo sento, un tempo in cui l'individuo avrebbe voluto fermarsi; tu cercherai il tempo nel quale tu desideravi che la tua specie si fermasse.

Scontento del tuo stato presente, per ragioni che annunciano alla tua posterità sfortunata dei malcontenti ancora più grandi, forse vorrai poter regredire; ed è questo sentimento che deve l'elogio dei tuoi primi antenati, la critica dei tuoi contemporanei, e lo sforzo di coloro che avranno la sfortuna di vivere dopo di te.

PARTE PRIMA

Dato che è importante giudicare bene lo stato naturale dell'uomo, per considerarlo a partire dalla sua origine e per esaminarlo, per così dire, nel primo embrione della specie, io non seguirò affatto la sua organizzazione attraverso i suoi sviluppi successivi.

Non mi fermerò a cercare nel sistema animale ciò che può essere all'inizio per diventare alla fine ciò che è; non esaminerò se, come pensa Aristotele, le sue unghie allungate non furono all'inizio degli artigli adunchi; se non si è vestito come un orso, e se camminando a quattro zampe (1) i suoi sguardi diretti verso la terra, e ristretti a un orizzonte di qualche passo, ne marcavano a loro volta il carattere, e i limiti delle sue idee.

Non potrei formare su questo tema che delle congetture vaghe, e quasi immaginarie.

L'anatomia comparata ha fatto ancora troppi pochi progressi, le osservazioni naturaliste sono ancora troppo incerte, perché si possa stabilire su simili fondamenta la base di un ragionamento solido; così, senza essere ricorsi a conoscenze sovrannaturali che abbiamo su questo punto, e senza aver rispetto per i cambiamenti che hanno dovuto sopraggiungere nella conformazione, tanto interiore quanto esteriore, dell'uomo, nella misura in cui applicava le sue membra a nuovi utilizzi, e che si nutriva di nuovi alimenti, io lo immaginerei uguale in tutti i tempi, come lo vedo oggi, camminando su due piedi, servendosi delle sue mani come noi facciamo delle nostre, portando i suoi sguardi su tutta la natura, e misurando con i suoi occhi l'immensa vista del cielo.

Spogliando questo essere, così costituito, di tutti i doni sovrannaturali che ha potuto ricevere, e di tutte le facoltà artificiali che non ha potuto accogliere che attraverso lunghi progressi; considerandolo, in una parola, così come è potuto uscire dalle mani della natura, vedo un animale meno forte degli uni, meno agile degli altri, ma, in ogni caso, organizzato in maniera più vantaggiosa rispetto a tutti.

Lo vedo saziarsi sotto ad una quercia, temprarsi al primo ruscello, trovando un letto ai piedi dello stesso albero che gli ha fornito il suo pasto, ed ecco i suoi bisogni soddisfatti.

La terra abbandonata alla sua fertilità naturale (2), e coperta di foreste immense che l'ascia non mutila mai, offre ad ogni passo dei rifornimenti e dei ripari agli animali di tutte le specie.

Gli uomini sparpagliati si osservano tra di loro, imitano la loro industriosità, e si elevano così dall'istinto delle bestie, con il vantaggio che ogni specie sente proprio, e di cui l'uomo non avendone probabilmente nessuno che gli appartiene, si appropria di tutti, si nutre allo stesso modo della maggior parte dei diversi alimenti (3) che gli altri animali si dividono, e quindi trova il suo sostentamento più facilmente di quanto nessuno degli altri possa fare.

Abituati dall'infanzia alle intemperie dell'aria e al rigore delle stagioni, esercitati alla fatica, e forzati a difendersi nudi, senza armi la loro vita e la loro prole contro le altre bestie feroci, o di fuggire di corsa, gli uomini si formano un temperamento robusto e quasi inalterabile.

I bambini, venendo al mondo con l'eccellente costituzione dei loro padri, e fortificandola con gli stessi esercizi che l'hanno prodotta, acquisiscono così tutto il vigore di cui la specie umana è capace.

La natura usa esattamente con loro la legge allo stesso modo in cui la legge di Sparta faceva con i bambini dei cittadini; rende forti e robusti coloro che sono di buona costituzione e fa morire tutti gli altri; differenziandosi in quelle nostre società, dove lo Stato, rendendo i bambini un peso per i loro padri, li uccide indistintamente dopo la loro nascita.

Essendo il corpo dell'uomo selvaggio il solo strumento che conosce, egli lo impiega in diversi utilizzi, di cui, per difetto d'esercizio, i nostri sono incapaci, ed è la nostra intelligenza che ci toglie la forza e l'agilità che la necessità lo obbligava ad imparare.

Se avesse avuto un'ascia, si sarebbe rotto il polso contro rami così forti? Se avesse avuto una fionda, avrebbe lanciato con la mano una pietra con così tanto vigore? Se avesse avuto una scala, sarebbe salito così facilmente su un albero? Se avesse avuto un cavallo, sarebbe stato così veloce nella corsa?

Lasciate all'uomo civilizzato il tempo di raccogliere tutti gli strumenti attorno a lui, non si può dubitare del fatto che superi facilmente l'uomo selvaggio; ma se volete vedere un combattimento ancora più ineguale, metteteli nudi e disarmati faccia a faccia l'uno di fronte all'altro, e riconoscerete presto qual è il vantaggio di avere senza sosta tutte le forze a propria disposizione, di essere sempre pronto a tutti gli avvenimenti, e di essere, per così dire, così integro con sé stesso (4).

Hobbes pretende che l'uomo sia naturalmente intrepido, e non cerchi che di attaccare e combattere. Un filosofo illustre pensa il contrario, e Cumberland e Pufendorff l'assicurano anche, che nulla è altrettanto timido dell'uomo nello stato di natura, e che è sempre tremante e pronto a fuggire al minimo rumore che lo spaventa, al minimo movimento che percepisce.

Ciò può accadere per gli strumenti per non conosce, e non dubito che non sia spaventato da tutti i nuovi spettacoli che gli si offrono, tutte le volte che non può distinguere il bene e il male fisici che deve subire, né paragonare le sue forze con i pericoli che gli occorrono; circostanze rare nello stato di natura, dove tutto va in maniera uniforme, e dove la superficie della terra non è soggetta a cambiamenti bruschi e continuativi che causano le passioni e l'incostanza dei popoli.

Ma l'uomo selvaggio vivendo disperso tra gli animali, e trovandosi sempre nella situazione di misurarsi con loro, ne fa presto il paragone e sentendo che li supera in ingegno più di quanto loro lo superino in forza, impara a non temerli più.

Mettete un orso o un lupo alle prese con un selvaggio robusto, agile, coraggioso come sono tutti, armato di pietre, e di un buon bastone, e vedrete che il pericolo sarà più o meno reciproco, e che dopo molte esperienze simili, le bestie feroci, che non amano attaccarsi l'un l'altra, attaccheranno poco volentieri l'uomo, che avranno riconosciuto come feroce quanto esse stesse.

Per quanto riguarda gli animali che hanno veramente più forza di quanto lui abbia destrezza, non è faccia a faccia a loro come lo sono le altre specie più deboli che non possono sopravvivere, ma con un certo vantaggio per l'uomo, che non è meno disposto di loro alla corsa, e trovando sugli alberi un rifugio quasi sicuro, sta a lui in tutti gli scontri decidere se prendere o lasciare, la scelta della fuga o del combattimento.

Aggiungiamo che non sembra affatto che qualche animale faccia naturalmente la guerra all'uomo, se non nel caso della sua propria difesa o di fame estrema, né prova per lui antipatie violente che sembrano annunciare che una specie è destinata per natura a servire da cibo all'altra.

Altri nemici più irriducibili, e di cui l'uomo non ha gli stessi mezzi per difendersi, sono le infermità naturali, l'infanzia, la vecchiaia, e le malattie di tutta la specie; tristi segnali della nostra debolezza, di cui i primi sono comuni a tutti gli animali, e di cui l'ultimo appartiene principalmente all'uomo che vive nella società.

Osservo anche, a proposito dell'infanzia, che la madre, portando dappertutto il suo bambino con sé, ha molta più facilità a nutrirlo, rispetto alle femmine di numerosi animali, che sono forzati di andare e venire senza sosta con molta fatica, da una parte per cercare il loro cibo, e dall'altra per allattare o nutrire i loro piccoli.

E' vero che se la madre muore il bambino rischia fortemente di morire con lei; ma questo pericolo è comune a cento altre specie, di cui i piccoli non sono per molto tempo in grado di andare a cercarsi il nutrimento per loro stessi; e se l'infanzia è più lunga per noi, la vita è comunque più lunga, e tutto è alla fine eguale su questo punto (5), sebbene ci siano oltre alla durata dell'infanzia e oltre al numero dei piccoli (6) altre regole che non sono il mio tema.

Nei vecchi, che si muovono e sudano poco, il bisogno di alimenti diminuisce con la facoltà di provvedere ad esso; e dato che la vita selvaggia tiene lontano da loro la gotta, i reumatismi e dato che la vecchiaia è di tutti i mali quella che il soccorso umano può aiutare di meno, alla fine si spengono senza accorgersi del fatti che cessano di essere e quasi senza accorgersi di essi stessi.

A proposito delle malattie, io non ripeterò affatto le vane e false affermazioni che fanno contro la medicina la maggior parte delle persone sane; ma chiederò se c'è qualche osservazione solida attraverso la quale si possa concludere che nel paese, dove quest'arte è la più trascurata, la vita media dell'uomo sia più corta che in quelli in cui è coltivata con più senno; e come ciò possa essere, se noi ci diamo più mali di quanto la medicina ne possa fornire i rimedi!

L'estrema diseguaglianza nella maniera di vivere, l'eccesso di ozio negli uni, l'eccesso di lavoro negli altri, la facilità di irritare e di soddisfare i nostri appetiti e la nostra sensualità, gli alimenti troppo ricercati dei ricchi, che li alimentano con succhi infiammanti e li sommergono di indigestioni, la pessima alimentazione dei poveri, che molto spesso manca anche, e di cui la mancanza li porta a sovraccaricare avidamente il loro stomaco quando c'è l'occasione, le veglie, gli eccessi di ogni tipo, il trasporto smodato di tutte le passioni, le fatiche, lo spossamento dello spirito, i dolori e le pene infinite che si provano in tutti i momenti e di cui le anime sono perpetuamente divorate.

Ecco le funeste garanzie che la maggior parte dei nostri mali sono a causa della nostra stessa opera, e che li avremmo quasi tutti evitati, conservando la maniera di vivere semplice, uniforme e solitaria che ci era stata prescritta dalla natura.

Se ci aveva destinati ad essere sani, oso quasi affermare che lo stato di ragionamento è uno stato contro natura, e che l'uomo che pensa è un animale depravato.

Quando si pensa alla buona costituzione dei selvaggi, almeno di quelli che non abbiamo rovinato con i nostri liquori forti, quando si sa che non conoscono quasi altre malattie se non le ferite e la vecchiaia, si è portati a credere che si farebbe facilmente la storia delle malattie umane seguendo quelle delle società civilizzate.

E' perlomeno l'avviso di Platone, che giudica, su certi rimedi impiegati o approvati da Podaliro e Macaone al seggio di Troia, che diverse malattie, che dovevano impiegare certi rimedi, non erano ancora conosciute tra gli uomini.

Con così poche fonti di malesseri, l'uomo nello stato di natura non ha dunque bisogno di rimedi, meno ancora di medici; la specie umana non ha peggiori condizioni, in questo senso, rispetto a tutte le altre ed è in grado di sapere se i cacciatori durante le loro uscite trovano molti animali infermi.

La maggior parte li trovano che hanno ricevuto delle ferite che si possano considerare come ben cicatrizzate, che hanno avuto delle ossa e anche della membra rotte e rinsaldate senza altri chirurghi se non il tempo, senza altro regime se non la loro vita ordinaria, e che non sono affatto meno perfettamente guariti rispetto al fatto di essere stati tormentati da incisioni, avvelenamenti da droghe, né resi esausti dai digiuni.

Infine, per quanto possa essere utile per noi la medicina ben organizzata, vi è sempre la certezza che se il selvaggio ammalato abbandonato a sé stesso non ha nulla su cui sperare se non la natura, allo stesso modo non ha nulla da temere se non il suo male, il che spesso rende la sua situazione preferibile alla nostra.

Cerchiamo dunque di non confondere l'uomo selvaggio con gli uomini che abbiamo sotto agli occhi.

La natura tratta tutti gli animali abbandonati alle sue cure con una predilezione che sembra mostrare come ella sia gelosa di questo suo diritto.

Il cavallo, il gatto, il toro, l'agnello hanno nella maggior parte una altezza, una costituzione più robusta, più vigore, forza e coraggio nelle foreste di quanto ne abbiano nelle nostre case; perdono la metà di questi vantaggi diventando domestici, e si direbbe che tutte le nostre attenzioni a trattare bene e a nutrire questi animali non tendono che ad imbastardirli.

E' così anche per l'uomo stesso: diventando socializzato e schiavo, diventa debole, timoroso, vile e la sua maniera di vivere molle ed effemminata finisce per snervare insieme la sua forza e il suo coraggio.

Aggiungiamo che tra le condizioni selvaggia e domestica la differenza da uomo a uomo è ancora più grande di quella da bestia a bestia; perché essendo l'animale e l'uomo stati trattati egualmente dalla natura, tutte le comodità che l'uomo si dà più di quanto ne dia agli animali che addomestica, sono altrettante cause particolari che lo fanno degenerare più sensibilmente.

Non è dunque una così grande sfortuna per questi primi uomini, né soprattutto un così grande ostacolo alla loro conservazione, la nudità, la mancanza di un'abitazione, e la privazione di tutte queste inutilità, che noi crediamo essere così necessarie.

Se non hanno la pelliccia, non ne hanno alcun bisogno nei paesi caldi, e sanno bene, nei paesi freddi, appropriarsi di quelle delle bestie che hanno catturato; se non hanno che due piedi per correre, hanno due braccia per provvedere alla loro difesa e ai loro bisogni; i loro piccoli camminano più tardi e con sofferenza, ma le loro madri li portano con facilità; vantaggio che manca alle altre specie, in cui la madre, vedendosi inseguita, si vede costretta ad abbandonare i suoi piccoli, o a regolare i suoi passi sui loro. Infine, lasciando supporre quelle circostanze singolari e fortuite, di cui parlerò in seguito, e che potrebbero arrivare con forza o mai arrivare, è chiaro che il primo che si costruì degli abiti o un alloggio si diede delle cose poco necessarie, poiché fino ad allora ne aveva fatto a meno e che non si capisce perché non ne abbia potuto sopportare, da uomo fatto, un genere di vita che sopportava nella sua infanzia.

Solo, ozioso e sempre vicino al pericolo, l'uomo selvaggio deve amare dormire e avere il sonno leggero come gli animali che, pensando poco, dormono, per così dire, tutto il tempo in cui non pensano.

Essendo la sua unica cura quella sola della propria conservazione, le sue facoltà più esercitate devono essere quelle che hanno per oggetto principale l'attacco e la difesa, sia per soggiogare la preda, sia per garantire a sé stesso di non essere quella di un altro animale: al contrario gli organi che non si perfezionano che per morbidezza e sensualità, devono restare in uno stato grossolano, che escluda ogni sorta di delicatezza; e i suoi sensi si troveranno a questo punto divisi: avrà il tatto e il gusto di una estrema ruvidezza, la vista, l'udito e l'olfatto della più grande raffinatezza.

Questo è lo stato animalesco in generale, ed è anche, secondo i reportage dei viaggiatori, quello della maggior parte dei popoli selvaggi. Non bisogna così stupirsi se gli Ottentotti del Capo di Buona Speranza scoprono i vascelli in mare aperto con la semplice vista, lontani tanto quanto gli Olandesi con gli occhiali, né che i selvaggi dell'America avvertono gli Spagnoli sulla pista, come avrebbero potuto fare i migliori cani, né che tutte queste nazioni barbare sopportino senza pena la loro nudità, acuiscano il loro gusto a forza di piccante e bevano i liquori europei come acqua.

Non ho considerato fin qui che l'uomo fisico.

Proviamo a guardarlo ora dal punto metafisico e morale.

Io non vedo in ogni animale che una ingegnosa macchina, a cui la natura ha donato dei sensi per surclassarla essa stessa; e per appiattirsi, fino ad un certo punto, su tutto ciò che tende a distruggerla o a sregolarla.

Vedo esattamente le stesse cose nella macchina umana, con questa differenza: che la natura sola fa tutto attraverso le operazioni della bestia, mentre l'uomo concorre alle sue in qualità di libero agente. L'uno sceglie o rifiuta per istinto, e l'altro attraverso un atto di libertà; perciò accade che la bestia non possa allontanarsi dalla regola che le è prescritta, neppure quando le sarebbe vantaggioso di farlo, e che l'uomo si allontani sovente a suo pregiudizio. In questo modo un piccione morirebbe di fame vicino ad un vassoio ricolmo delle migliori carni, e un gatto di fronte alla frutta, o al grano sebbene sia l'uno che l'altro potrebbero ben nutrirsi dell'alimento che disdegnano, se fossero dell'avviso di provarlo.

E' così che gli uomini dissoluti si lasciano andare a degli eccessi, che causano loro la febbre e la morte: perché lo spirito corrompe i sensi e fa sì che la volontà parli ancora, quando la natura si tace.

Ogni animale ha delle idee, perché ha dei sensi, e combina le sue stesse idee fino ad un certo punto, e l'uomo non differisce a questo proposito né più né meno dalla bestia.

Alcuni filosofi hanno comunque avanzato che ci siano più differenze da uomo a uomo che da uomo a bestia; non è dunque tanto il fatto di comprendere che si crea una distinzione specifica tra gli animali quanto che la qualità dell'uomo sia di essere un agente libero. La natura comanda a tutti gli animali, la bestia obbedisce. L'uomo prova la stessa impressione, ma non si riconosce libero che di accondiscendere o di resistere; ed è soprattutto nella coscienza di questa libertà che si mostra la spiritualità della sua anima: poiché la fisica spiega in qualche maniera il meccanismo dei sensi e la formazione delle idee; ma nella potenza di volere o piuttosto di scegliere, e nel sentimento di questa potenza non si trovano che degli atti puramente spirituali che non vengono spiegati dalla legge della meccanica.

Ma quando le difficoltà che circondano tutte queste questioni, lasceranno in qualche modo la discussione su questa differenza dell'uomo e dell'animale, ci sarà un'altra qualità molto specifica che li distingue e sulla quale non si possono avere contestazioni, è la facoltà di perfezionarsi; facoltà che, in aiuto alle circostanze, sviluppa successivamente tutte le altre, e risiede tra di noi tanto nella specie quanto nell'individuo, in modo che un animale è, nel giro di qualche mese, ciò che sarà per tutta la sua vita, e la sua specie, nel corso di mille anni, è ciò che è stata il primo anno di quei mille anni.

Perché solo l'uomo è soggetto a diventare imbecille?

Non è forse che egli ritorna così nel suo stato primitivo e che, tanto quanto la bestia che non ha acquisito nulla e nulla ha da perdere resta sempre con il suo istinto, l'uomo perdendo di nuovo a causa della vecchiaia o di altri incidenti tutto ciò che la sua perfezione gli aveva fatto accogliere, ripiomba così ancora più in basso della bestia stessa?

Sarà triste per noi essere obbligati a convenire che questa facoltà distintiva e quasi illimitata è la sorgente di tutte le sfortune dell'uomo: dato che è quella che lo attira, a forza del tempo, da questa condizione originaria in cui passerebbe delle giornate tranquille e innocenti, e dato che essa è quella che facendo nascere le sue illuminazioni e i suoi errori, i suoi vizi e le sue virtù lo rende a lungo andare il tiranno di sé stesso e della natura (7).

Sarebbe spaventoso essere obbligati a lodare come un ente benefattore colui che per primo suggerì agli abitanti delle rive dell'Orenaco l'utilizzo di quelle tavole che applicano sulle tempie dei loro fanciulli ai quali assicurano, attraverso questo mezzo, almeno una parte della loro imbecillità, e della loro originaria felicità.

L'uomo selvaggio, abbandonato dalla natura al solo istinto, o piuttosto compensato forse di quello che gli manca con delle facoltà capaci di supplirne dal principio e d'innalzarlo in seguito molto al di sopra di quello, comincerà dunque dalle funzione puramente animalesche (8): vedere e sentire sarà il suo primo stato, che avrà in comune con tutti gli animali. Volere o non volere, desiderare e temere saranno le prime e quasi sole operazioni della sua anima, finché muove circostanze ne causeranno nuovi sviluppi. Checché ne dicano i moralisti, l'umana comprensione è molto debitrice alle passioni, le quali, di comune assenso, le devono molto a loro volta: è a causa della loro attività che la nostra ragione si perfeziona; noi non cerchiamo di conoscere che ciò attraverso cui vogliamo gioire, e non ci è possibile di concepire come mai colui che non ha desideri né timori si dia la pena di ragionare.

Le passioni, dal canto loro, traggono la loro origine dai nostri bisogni, ed il loro avanzamento dalle nostre conoscenze; poiché non si può desiderare o temere le questioni se non sulle idee che si son potute avere, o per semplice impulso della natura; e l'uomo selvaggio, privato di ogni sorta di illuminazione, non prova che le passioni di quest'ultima specie; i suoi bisogni non oltrepassano i suoi bisogni fisici (9); i soli beni che conosce nell'universo sono il nutrimento, una femmina e il riposo; i soli mali che teme sono il dolore e la fame; dico il dolore, non la morte; poiché l'animale non saprà mai che cosa significa morire, e la conoscenza della morte e dei suoi terrori è una delle prime acquisizioni che l'uomo abbia fatto, distanziandosi dalla condizione animale.

Mi sarebbe facile, se mi fosse necessario, avvalorare questo sentimento con i fatti, e far vedere che presso tutte le nazioni del mondo il progresso dello spirito si è proporzionato precisamente ai bisogni che i popoli avevano ricevuto dalla natura o a quelle circostanze alle quali li avevano assoggettati e di conseguenza alle passioni, che li portavano a provvedere a questi bisogni.

Mostrerei in Egitto le arti nascenti, che si distendono con le alluvioni del Nilo; seguirei i progressi presso i Greci, dove li abbiamo visti germogliare, crescere ed elevarsi fino ai cieli tra le sabbie e le rocce dell'Attica, senza poter mettere le radici sulle coste fertili dell'Europa; rimarcherei che in generale i popoli del Nord sono meno industriosi di quelli del Mezzogiorno, perché non possono fare a meno di non esserlo, come se la natura volesse così egualizzare le cose, dominando gli spiriti e la fertilità che rifiuta alla terra.

Ma senza ricorrere alle testimonianze incerte della Storia, chi non vede che tutto sembra allontanare dall'uomo selvaggio la tentazione e i mezzi per cessare di esserlo? La sua immaginazione non gli dipinge niente; il suo cuore non gli domanda niente. I suoi mediocri bisogni si trovano facilmente tra le sue mani, ed è così lontano dal grado di conoscenze necessarie per desiderare di acquisirne di più grandi che egli non può avere né preveggenza né curiosità.

Lo spettacolo della natura a lui diventa indifferente, a forza di diventargli familiare.

E' sempre nello stesso ordine, sempre nelle stesse rivoluzioni; non ha lo spirito per stupirsi delle sue più grandi meraviglie; e non è presso di lui che bisogna cercare la filosofia di cui l'uomo ha bisogno, per saper osservare una volta ciò che ha visto tutti i giorni.

La sua anima, che nulla agita, si libra al solo sentimento della sua esistenza odierna, senza alcuna idea dell'avvenire, per quanto possa essere vicino, e i suoi progetti, ristretti come le sue visioni, si estendono appena alla fine della giornata.

Tale è ancora oggi il grado di preveggenza di Caraibo: al mattino vende il suo letto di cotone, e piange la sera per riacquistarlo, senza aver previsto che ne avrebbe avuto bisogno per la notte successiva.

Più si medita su questo soggetto, più la distanza dalle pure sensazioni alle più semplici conoscenze s'ingigantisce a nostri sguardi; ed è impossibile concepire come un uomo avrebbe potuto con le sue sole forze, senza l'aiuto della comunicazione, e senza lo stimolo della necessità, affrancarsi da un così grande intervallo.

Quanti secoli possono essere passati, prima che gli uomini abbiano potuto vedere altro fuoco che non quello del cielo? Quanti tentativi sono loro falliti per imparare gli utilizzi di uno dei più comuni elementi? Quante volte non l'hanno lasciato spegnere, prima di aver acquisito l'arte di riprodurlo? E quante volte ciascuno di questi segreti non è morto con colui che l'aveva scoperto?

Cosa dovremmo dire dell'agricoltura, arte che necessita tanto lavoro e preveggenza; che è in relazione con altre arti, che è molto evidente come non sia praticabile che dentro ad una società almeno iniziata, e che ci serve per estrarre dalla terra degli alimenti che ella fornirebbe senza forzarla a fare preferenze che sono più di nostro gusto?

Ma supponiamo che gli uomini si siano talmente moltiplicati che i loro prodotti naturali non siano più sufficienti per nutrirli; supposizione che, tanto per dire, dimostrerebbe un grande vantaggio per la specie umana in questo modo, supponiamo che senza fucine, senza artefici, gli strumenti di lavoro fossero caduti dal cielo nelle mani dei selvaggi; che questi uomini avessero vinto l'odio mortale per il lavoro continuativo; che si fossero messi a prevedere da lontano i loro bisogni, che riuscissero a indovinare come bisogna coltivare la terra, seminare i cereali e piantare gli alberi; che avessero trovato l'arte di tagliare il fieno, e di mettere l'uva in fermentazione; tutte cose che gli avessero insegnato gli dei, dato che è impossibile concepire come potessero averle apprese da soli; chi sarebbe l'uomo così insensato da farsi tormentare dalla coltivazione di un campo che sarà spogliato dal primo venuto, uomo o bestia indifferentemente, a cui questa azione converrà; e come ciascuno potrà risolversi a passare la sua vita con un lavoro penoso, di cui non è più così sicuro di raccoglierne il premio che gli sarà più necessario?

In una parola, come questa situazione potrà portare gli uomini a coltivare la terra, fintanto che questa non sarà divisa fra di loro, ovvero finché lo stato di natura non sarà annientato?

Quando volessimo supporre un uomo selvaggio così abile nell'arte di pensare quanto ce lo descrivono i nostri filosofi; quando ne facessimo, secondo il loro esempio, un filosofo egli stesso, in grado di scoprire da solo le più sublimi verità, facendosi, per dei percorsi di ragionamento molto astratti, delle massime di giustizia e delle ragioni tratte dall'amore per l'ordine in generale, o dalla volontà conosciuta dal suo Creatore; in una parola, quando noi supponessimo nello spirito tanta intelligenza e illuminazione quanto ne dovesse avere, e si trovasse ora invece pesantezza e stupidità, quale utilità ne ricaverebbe la specie da tutta questa metafisica, che non si potrebbe comunicare e che morirebbe con l'individuo che l'ha inventata?

Quale progresso potrebbe fare il genere umano sparso nel bosco tra gli animali?

E fino a che punto potrebbero perfezionarsi, e illuminarsi a vicenda gli uomini che, non avendo un domicilio fisso né alcun bisogno l'uno dell'altro, si incontrerebbero, forse, appena due volte nella loro vita, senza conoscersi e senza parlarsi?

Pensiamo a quante idee noi siamo debitori rispetto all'utilizzo della parola; quanto la grammatica esercita e facilita le operazioni dello spirito; e si pensi alle inconcepibili pene, e al tempo infinito che è dovuto costare alla prima invenzione delle lingue; che si uniscano queste riflessioni a quelle precedenti, e si giudicherà quante migliaia di secoli sono trascorsi per sviluppare successivamente nello spirito umano le operazioni di cui è capace.

Che mi sia permesso di considerare un istante gli imbarazzi dell'origine delle lingue.

Potrei accontentarmi di citare o di ripetere qui le ricerche di Monsieur l'Abate di Condillac ha fatto su questa materia, le quali confermano tutte pienamente il mio sentimento, e che forse ne hanno data la prima idea. Ma il modo in cui questo filosofo risolve le difficoltà che pone a sé stesso sull'origine dei segni istituiti, dimostrando che egli ha supposto ciò che io metto in questione, ovvero una sorta di società già stabilita tra gli inventori del linguaggio, io credo che nel rinviare alle sue riflessioni, debba unirvi le mie, per esporre le stesse difficoltà che convengono oggi al mio soggetto.

La prima che mi si presenta è quella di immaginare come siano potute diventare necessarie; poiché gli uomini non avendo alcuna corrispondenza tra di loro, né nessun bisogno di averne, non si concepisce né la necessità di questa invenzione, né la sua possibilità, se essa stessa non era indispensabile.

Io direi, come molti altri, che le lingue sono nate con lo scambio domestico dei padri, delle madri e dei figlioli: ma comunque ciò non risolverebbe le obiezioni, ma ciò sarebbe come compiere l'errore di quelli che ragionando sullo stato di natura vi trasferiscono le idee prese nella società, vedendo sempre la famiglia riunita in una stessa abitazione, e guardando i suoi componenti in una unione tanto intima e tanto permanente quale è la nostra, ove i comuni interessi si riuniscono; invece in questo stato primitivo, non avendo né casa, né capanne, né proprietà di alcun genere, ciascuno alloggiava improvvisando, e spesso per una sola notte; i maschi e le femmine si univano in maniera fortuita a seconda degli incontri, l'occasione ed il desiderio, senza che la parola fosse un interprete così necessario delle cose che si dovevano dire: si lasciavano con la stessa facilità (10); la madre allattava i suoi piccoli per suo proprio bisogno; solo dopo, l'abitudine avendoglieli resi cari, li nutriva per loro; appena avevano la forza di cercarsi il proprio cibo, non si attardavano a lasciarla; e siccome non avevano altro modo di ritrovarsi che quello di non perdersi di vista, essi erano presto in grado di riconoscersi l'un l'altro.

Rimarcate ancora che il piccolo avendo tutti i suoi bisogni da spiegare, e di conseguenza più cose da dire alla madre che la madre al figlio, è colui che deve fare più caso all'invenzione, e che la lingua che impiega sia proprio la sua opera: è questo ciò che moltiplica tanto le lingue quanto gli individui che le parlano, alla cui cosa contribuisce ancora la vita vagabonda che non lascia ad alcun idioma il tempo di prendere consistenza; poiché dire che la madre detta al bambino le parole che gli dovranno servire per domandare questa o quella cosa, dimostra bene come si insegnano le lingue già formate, ma ciò non ci insegna come esse si formino.

Supponiamo come vinta questa prima difficoltà: attraversiamo per un momento lo spazio immenso in cui si è dovuto trovare nel puro stato di natura e il bisogno delle lingue; e cerchiamo, supponendolo necessario (11), come esse potessero cominciare a stabilirsi. Una nuova difficoltà, ancora peggiore della precedente: perché se gli uomini hanno avuto il bisogno della parola per imparare a pensare, essi avranno avuto ancora più bisogno di saper pensare per trovare l'arte della parola; e quando si capiva come i suoni della voce fossero presi per interpreti convenzionali delle nostre idee, restava sempre da sapere quali potessero essere gli interpreti stessi di questa convenzione per le idee che, non avendo un oggetto sensibile, non potevano indicarsi né con un gesto, né con la voce, al punto che si possono soltanto formare delle congetture che supportino la nascita di quest'arte di comunicare i propri pensieri, e di stabilire una convenzione tra le menti: arte sublime che è già così lontana dalla sua origine, ma che i filosofi vedono ancora ad un'immensa distanza dalla sua perfezione che non c'è uomo tanto ardito da poter assicurare che ci si possa arrivare mai, quand'anche le rivoluzioni che il tempo porta saranno sospese in suo favore, che i pregiudizi uscissero dalle accademie o tacessero di fronte ad esse, e ci si potesse occupare di questo oggetto spinoso, senza interruzioni per secoli interi.

Il primo linguaggio dell'uomo, il linguaggio più universale, più energico, e il solo di cui avesse bisogno, prima che ci si persuadesse dell'unità degli uomini, è il grido della natura.

Siccome questo grido non era strappato che come una sorta di istinto nelle occasioni più pressanti, per implorare soccorso nei grandi pericoli, o per avere sollievo nelle malattie violente, non era di grande utilizzo nel corso ordinario della vita, dove regnano i sentimenti più moderati.

Quando le idee degli uomini cominciarono ad intendersi e a moltiplicarsi, e quando si stabilì tra di loro una comunicazione più stretta, essi cercarono dei segni più numerosi e un linguaggio più comprensibile: moltiplicarono le inflessioni della voce e congiunsero i gesti, che per natura sono più espressivi ed il cui senso dipende meno da una interpretazione anteriore.

Esprimevano dunque gli oggetti visibili e in movimento con dei gesti, e ciò che nascondevano alla vista con dei segni imitativi: ma siccome il gesto non indica che gli oggetti presenti, o che sono facili da descrivere, e le azioni visibili, non è di uso universale, poiché l'oscurità o l'interposizione di un corpo lo rendono inutile ed esige più attenzione di quanto la eserciti, dunque si è deciso alla fine di sostituirlo con le articolazioni della voce, che, senza avere lo stesso rapporto con alcune idee, sono più appropriate a rappresentarle tutte, come segni convenzionali: sostituzione che non si può fare che tramite un consenso comune, e in modo abbastanza difficile da praticare per uomini i cui organi grossolani non erano ancora allenati, perché questo consenso unanime dovette essere motivato e la parola doveva sembrare molto necessaria, al fine di stabilirne l'utilizzo.

Bisogna giudicare che le prime parole, di cui gli uomini fecero uso, ebbero nel loro spirito un significato molto più esteso di quanto non si impieghi nelle lingue formate, e che ignorando la divisione dei discorsi in parti costitutive, diedero ad ogni parola il senso di una frase intera.

Quando cominciarono a distinguere il soggetto dall'attributo, e il verbo dal nome, non fu affatto uno sforzo di genio mediocre, i sostantivi non furono inizialmente che dei nomi propri e l'infinito fu il solo tempo verbale e per quanto riguarda gli aggettivi la nozione si dovette sviluppare con forti difficoltà, perché tutti gli aggettivi sono parole astratte, e le astrazioni sono operazioni difficili e poco naturali.

Ogni oggetto ricevette prima un nome particolare, senza riguardo al genere e alla specie, che i primi inventori non erano in grado di distinguere; e tutti gli individui si presentarono isolati, come essi lo sono nello stato di natura.

Se una cane si chiamava A, un altro cane si chiamava B: al punto che più le conoscenze erano delimitate, e più il dizionario diventava esteso.

L'imbarazzo di tutta questa nomenclatura non è stato tolto facilmente: perché per sistemare gli esseri sotto dei denominatori comuni, e generici, bisognava conoscerne le proprietà e le differenze; servivano osservazioni e definizioni, ovvero la storia naturale e la metafisica, molto più di quanta gli uomini di quel tempo potessero avere.

D'altra parte le idee generali non possono introdursi nello spirito che grazie all'aiuto delle parole, e la comprensione non si raggiunge che attraverso le frasi. E' una delle ragioni per cui gli animali non saprebbero formarsi tali idee, né mai acquisire la perfezione che ne deriva. Quando una scimmia va senza esitare da una noce all'altra, pensate che abbia l'idea generale di questa specie di frutta, e che ne compari il suo archetipo a questi due esemplari?

Senza dubbio no; ma la vista di una di queste noci richiama alla memoria le sensazioni che ha ricevuto dall'altra, e i suoi occhi, modificati in un certo modo, annunciano al suo gusto la modificazione che andrà a ricevere.

Tutte le idee generali sono puramente intellettuali; per quanto poco l'immaginazione si mescoli, l'idea diviene subito particolare.

Provate a tracciare l'immagine di un albero in generale, non ne arriverete mai alla fine, malgrado bisognerà vederlo piccolo o grande, scarno o folto, chiaro o scuro, e se non dipenderà che da voi di vedere ciò che si trova in tutto l'albero, quest'immagine non assomiglierà più ad un albero.

Le cose puramente astratte si vedono esse stesse, oppure si concepiscono attraverso il discorso.

La solo definizione del triangolo ve ne dà l'idea veritiera: appena ve lo raffigurerete nella vostra mente, sarà quel triangolo e non un altro, e non potrete evitare di rendere le linee sensibili e il colore. Bisogna quindi enunciare delle frasi, bisogna parlare per avere delle idee generali: poiché appena l'immaginazione si ferma, la mente non va più in aiuto del discorso. Così quindi i primi inventori non hanno potuto dare nomi che alle idee che avevano di già, ed ecco che i primi sostantivi non hanno potuto che essere dei nomi propri.

Ma allorché, attraverso mezzi che non concepisco, i nostri grammatici cominciarono a estendere le loro idee e a generalizzare le parole, l'ignoranza degli inventori dovette assoggettarsi a questo metodo dovuto a sforzi enormi; e siccome avevano all'inizio moltiplicato troppo i nomi degli individui senza conoscere le specie e i generi, in seguito diedero troppo poca considerazione agli esseri e a tutte le differenze.

Per spingere più lontano le divisioni, sarebbe stata necessaria più esperienza e illuminazione di quanta ne potessero avere, e più ricerche e lavoro di quanto non ne abbiano voluto impiegare.

Ora, siccome ancora oggi si scoprono ogni giorno nuove specie che sono sfuggite fino a qui a tutte le nostre osservazioni, si pensi a quanto ne siano sfuggite agli uomini che non giudicavano le cose che dal primo aspetto!

Quanto alle primitive classi e alle nozioni più generali, è superfluo aggiungere che dovettero sfuggire loro: come, per esempio, avrebbero immaginato o compreso le parole della materia, della mente, della sostanza, del modo, della figura, del movimento, dato che i nostri filosofi che se ne servono da molto tempo fanno ben fatica a comprenderli essi stessi, non riuscendo a trovare nella natura alcun modello che si colleghi a queste parole puramente metafisiche.

Mi fermo a questi primi passi, e supplico i miei giudici di sospendere qui la loro lettura; per considerare, sotto l'invenzione dei soli sostantivi fisici, a dire il vero sulla parte di lingua più facile da trovare, il cammino che le resta da fare, per esprimere tutti i pensieri degli uomini, per prendere una forma costante, poter essere parlata in pubblico, ed influire sulla società.

Io li supplico di riflettere su quanto tempo ci sia voluto e conoscenza per trovare i numeri (12), le parole astratte, gli aoristi (tempi indefiniti, *ndt*), e tutti i tempi verbali, le particelle, la sintassi, legare le frasi, i ragionamenti, e formare tutta la logica dei discorsi.

Quanto a me, spaventato dalle difficoltà che si moltiplicano, e convinto dell'impossibilità di fatto dimostrata che le lingue siano potute nascere e stabilirsi per mezzi puramente umani, lascio a chi vorrà intraprendere la discussione di questo difficile problema, il quale è stato più necessario, della società già collegata, all'istituzione delle lingue, o delle lingue già inventate, alla costruzione della società?

Qualunque siano queste origini, si vede almeno, la poca cura che ha impiegato la natura per avvicinare gli uomini a causa di mutui bisogni e di facilitare loro l'utilizzo della parola, quanto ella ha potuto preparare la loro socialità e quanto ella ha messo poca cura in tutto ciò che loro hanno fatto, per stabilirne i legami.

In effetti è impossibile immaginare perché, in questo stato primitivo, un uomo avrebbe piuttosto bisogno di un altro uomo o che una scimmia o un lupo siano simili, né, supposto questo bisogno, che motivo potrebbe impegnare l'altro a pervenire, né allo stesso modo, in ultima analisi, come essi potessero convenire tra loro delle condizioni.

So che noi ripetiamo senza sosta che nulla è stato più miserevole dell'uomo in quello stato; e se è vero, come credo di aver provato, che egli non abbia potuto se non dopo molti secoli avere il desiderio e l'occasione di uscirne, questo sarebbe un processo da fare alla natura e non a colui che ella avrebbe costruito a quel modo.

Ma se intendo bene questo termine di *miserevole*, non è che una parola che non ha alcun senso, o che significa una privazione dolorosa e la sofferenza del corpo o dell'anima.

Ora vorrei che mi si spiegasse quale possa essere il genere di miseria di un essere libero il cui cuore è in pace e il corpo in salute.

Chiedo quale, della vita civile o naturale, è la più soggetta a diventare insopportabile a coloro che ne gioiscano?

Noi non vediamo attorno a noi che persone che si lagnano della loro esistenza, molti che se ne privano essi stessi finché è in loro potere di farlo, e la riunione di leggi divine e umane basta appena per fermare questo disordine.

Mi chiedo se si sia mai sentito dire che un selvaggio in libertà abbia solamente pensato di togliersi la vita e darsi la morte?

Giudichiamo quindi con meno orgoglio da quale parte stia la vera miseria.

Niente sarebbe stato più miserevole invece dell'uomo selvaggio accecato dalle sue illuminazioni, tormentato dalle sue passioni, e ragionante su uno stato differente dal suo.

Fu grazie ad una provvidenza molto saggia che le sue facoltà di cui era in potere non dovettero svilupparsi che attraverso le occasioni di esercitarle, al fine che esse non gli fossero né superflue e a carico suo anzi tempo, né tardive, e inutili al bisogno. Aveva nel solo istinto tutto ciò che serviva per vivere nello stato di natura, e non ha in una coltivata ragione che ciò che gli serve per vivere in società.

Sembrava dapprima che gli uomini in questo stato non avessero tra di loro alcuna sorta di relazione morale, né di doveri conosciuti, né potessero essere buoni o cattivi, e non avessero né vizi né virtù, a meno che, prendendo queste parole in senso fisico non si chiamiano vizi nell'individuo le qualità che possono nuocere alla sua propria conservazione, e virtù quelle che possono contribuirvi; in tal caso bisognerebbe chiamare le più virtuose quelle che resisterebbero meno ai semplici impulsi della natura.

Ma senza allontanarci dal senso comune, è al fine di sospendere il giudizio che potremmo portarci ad una tale situazione, non fidandoci dei nostri pregiudizi, finché bilancia alla mano, non si sia esaminato se ci siano più virtù che vizi fra gli uomini civilizzati, o se le virtù siano più vantaggiose di quando non siano funesti i vizi, o se il progresso delle loro consapevolezze sia un'adeguata compensazione dei mali che si fanno vicendevolmente nella misura in cui intuiscono il bene che dovrebbero farsi, o ancora per abbracciare tutto, se non fossero in una più felice situazione di non dover temere il male, né sperare nel bene da chicchesia, piuttosto che essere sottomessi ad una universale dipendenza di obbligarsi a ricevere tutto da quelli che non sono obbligati a dare loro nulla.

Guardiamoci, soprattutto, dal concludere insieme a Hobbes che l'uomo sia per natura cattivo, perché non ha idea della bontà, che sia vizioso, perché non conosce la virtù, che ricusi sempre ai suoi simili i servigi che non crede loro esser dovuti, né che in virtù del diritto che a ragione si attribuisce alle cose di cui ha bisogno, egli follemente immagini di essere il solo proprietario dell'universo.

Hobbes ha veduto molto bene il difetto di tutte le definizioni moderne del diritto naturale: ma le conseguenze che gli trae dalla sua parte mostrano che egli la prende in un senso che non è meno falso.

Ragionando sui principi che egli stabilisce, questo autore avrebbe dovuto dire che lo stato di natura essendo quello in cui la cura della nostra conservazione è meno pregiudizievole di quella degli altri, proprio questo stato era per conseguenza il più vicino alla pace ed il più conveniente per il genere umano.

Egli dice precisamente il contrario, avendo fatto entrare nella cura della conservazione dell'uomo selvaggio il bisogno di soddisfare una moltitudine di passioni, che sono opera della società e che hanno reso necessarie le leggi.

Egli dice che il cattivo è un fanciullo robusto: resta da sapere se il selvaggio sia un fanciullo robusto.

Quand'anche glielo si accordasse, che conclusione ne trarrebbe?

Che quand'anche quest'uomo è robusto, è dipendente dagli altri come quando è debole; non ci sarebbero eccessi ai quali non si sottoporrebbe: che egli non picchiasse sua madre quando ella si attardasse troppo a concedere le mammelle, che non strangolasse uno dei suoi giovani fratelli quando gli desse fastidio, che non mordesse la gamba all'altro quando ne fosse urtato o disturbato.

Ma queste sono due contraddittorie supposizioni dello stato di natura, cioè essere robusto ed essere dipendente: l'uomo è debole quando è dipendente, ed è emancipato prima di essere robusto.

Hobbes non ha visto se non la stessa causa che impedisce ai selvaggi di usare la loro ragione, impedisce ai nostri giureconsulti di abusare delle loro facoltà, come pretenderebbe egli stesso: così si potrebbe dire che i selvaggi non sono esattamente cattivi; perché non sanno ciò che significhi essere buoni; dunque non è lo svilupparsi dei lumi, né il freno della legge, ma la calma delle passioni e l'ignoranza del vizio che gli impediscono di fare il male: *tanto plus in illis proficuit vitiorurn ignoratio, quam in his cognitio virtutis.*

Vi è d'altro canto un principio che Hobbes non ha veduto, e il quale, essendo stato dato all'uomo per addolcire in certe circostanze la ferocità del suo amor proprio, o il desiderio di conservarsi prima della nascita di questo amore (13), tempra l'ardore che egli ha per il suo benessere da una repugnanza innata di vedere soffrire un suo simile.

Non credo di temere alcuna contraddizione accordando all'uomo la sola virtù naturale a cui è stato forzato di riconoscere il più grande detrattore delle virtù umane.

Parlo della pietà, disposizione che conviene ad enti così deboli, e soggetti ad altrettanti mali come noi siamo; virtù tanto più universale e tanto più utile all'uomo, che precede in lui l'utilizzo di ogni riflessione; e talmente naturale che le stesse bestie danno a volte dei segnali di sensibilità.

Senza parlare della tenerezza delle madri verso i loro piccoli figli e dei pericoli che affrontano per metterli al sicuro, si osserva tutti i giorni la ripugnanza che hanno i cavalli di calpestare con le zampe un corpo vivente; un animale non passa senza inquietudine vicino ad un animale morto della sua specie; ce ne sono alcuni che forniscono una sorta di sepoltura; e i tristi lamenti del bestiame che entra in una beccheria annunciano l'impressione che ricevono dall'orribile spettacolo che li colpisce.

Si veda con piacere l'autore della favola delle api, costretto a riconoscere l'uomo come un essere pietoso e sensibile, uscire, nell'esempio che ci dà, dal suo stile freddo e acuto, per offrirci la patetica immagine di un uomo rinchiuso, che scorge al di fuori una bestia feroce strappare un fanciullo dal seno di sua madre, rompere con i suoi denti assassini le deboli membra, squarciare con le sue unghie le viscere palpitanti di questo fanciullo.

Quale spaventosa agitazione non prova questo testimone di un avvenimento di cui egli non ha alcun personale interesse!

Quali angosce non soffre a tale vista per non poter recare alcun soccorso alla sventurata madre, né al fanciullo morente!

Tale è il puro moto della natura, anteriore ad ogni riflessione: tale è la forza della naturale pietà, che i più depravati costumi non possono distruggere, poiché si vede tutti i giorni nei nostri eventi intenerirsi e piangere per le disgrazie di uno sfortunato, mentre se fosse invece un tiranno, ne aggraverebbe maggiormente i tormenti del suo nemico.

Mandeville ha molto ben capito che con tutta la loro morale gli uomini non sarebbero stati che mostri, se la natura non avesse dato loro la pietà in appoggio alla ragione; ma egli non ha visto che da questa sola qualità scaturiscono tutte le virtù sociali che egli vuole imputare agli uomini.

Ed infatti, che cos'è la generosità, la clemenza, l'umanità, se non se la pietà applicata ai deboli, ai colpevoli, o alla specie umana in generale?

La benevolenza e la stessa amicizia sono, a ben analizzarle, produzioni d'una costante pietà fissata su un particolare oggetto: dunque, desiderare che qualcuno non soffra, è un'altra cosa rispetto al desiderare che sia felice? Quand'anche fosse vero che la commiserazione altro non fosse che un sentimento il quale ci metta nei panni di colui che soffre, sentimento oscuro e vivo nell'uomo selvaggio, sviluppato ma debole nell'uomo civile, che importerebbe questa idea rispetto alla verità di ciò che dico, se non a dare una maggior forza?

Ed infatti la commiserazione sarà tanto più energica, quanto più l'animale spettatore s'identificherà più intimamente con l'animale che soffre: ora è evidente che questa identificazione ha dovuto essere infinitamente più acuta nello stato di natura, che nello stato della ragione.

La ragione è quella che genera l'amor proprio, e la riflessione è quella che lo fortifica; è quella che ripiega l'uomo su se stesso, e lo separa da tutto ciò che lo infastidisce e lo affligge: la filosofia lo rende isolato, ed è a causa di questa, che al cospetto di un uomo che soffre, egli segretamente afferma: *perisci se tu vuoi, io sto al sicuro.*

Sono solamente i pericoli della società intera, i quali turbano il tranquillo sonno del filosofo, e dal suo letto lo alzano.

Si può impunemente scannare il suo simile sotto alla sua finestra; egli non deve che mettere le sue mani sulle sue orecchie, ed argomentarsi un poco, per impedire alla natura che in lui si rivolta, di identificarlo con quello che si sta assassinando. L'uomo selvaggio non ha però questo ammirabile talento; e per mancanza di saggezza e di ragione, lo si vede sempre ad abbandonarsi stordito al primo sentimento dell'umanità.

Nelle agitazioni, nei bisticci nelle strade, il popolaccio si unisce, l'uomo prudente si allontana: la canaglia, e le donne dei mercati sono coloro che separano i combattenti, e che impediscono alle oneste persone di uccidersi.

Egli è dunque ben certo che la pietà è un sentimento naturale, il quale moderando in ciascun individuo l'attività dell'amor di sé stesso, concorre alla mutua conservazione di tutta la specie.

La pietà è quella che ci porta senza riflessione al soccorso di quelli che noi vediamo soffrire: ella è quella che nello stato di natura prende il posto della legge, dei costumi, e della virtù; con questo vantaggio, che non c'è nessuno che sia tentato di disobbedire alla sua dolce voce: ella è quella che impedirà ad ogni robusto selvaggio di togliere ad un debole fanciullo, o a un vecchio malato la sua sussistenza acquistata con pietà, s'egli medesimo spera di poter trovare altrove la sua: ella è quella, la quale in vece di questa sublime massima di giustizia ragionata: *fa ad altri quello vorresti che fosse fatto a te medesimo,* inspira a tutti gli uomini quest'altra massima di naturale bontà, ben meno perfetta, ma più utile della precedente: *fa il tuo bene col minor male degli altri che ti sia possibile:* c'è in una parola, in questo naturale sentimento, piuttosto che nei fini argomenti, dove convien cercare la ripugnanza che proverebbe ogni uomo a fare del male, indipendentemente ancora dalle massime dell'educazione.

Benché acquistare la virtù per mezzo della ragione appartenga a Socrate ed agli spiriti della sua tempra, il genere umano non esisterebbe più da molto tempo, se la sua conservazione non fosse dipesa che dai ragionamenti di quelli.

Con passioni così poco attive, ed un freno così salutare, gli uomini piuttosto feroci che cattivi, e più attenti a garantirsi dal male che poteva occorrere loro, che tentati di farne agli altri, non erano soggetti a risse molto pericolose.

Siccome non avevano fra essi alcuna sorta di patto; che non conoscevano per conseguenza né la vanità, né la considerazione, né la stima, né il disprezzo; che non avevano la minima ragione del tuo e del mio, né alcuna vera idea della giustizia; che riguardavano le violenze che potevano provare, come un male facile a ripararsi, e non come una ingiuria da punirsi; e che non procuravano la vendetta, se non forse macchinalmente e sullo stesso momento, come il cane che morde la pietra che gli si tira; le loro dispute avrebbero avuto raramente conseguenze sanguinose, se esse non avessero avuto un oggetto più sensibile dell'alimentazione; ma ne vedo uno più pericoloso, di cui mi resta di parlare.

Fra le passioni che agitano il cuor dell'uomo, ve n'è una ardente, impetuosa, che rende un sesso necessario all'altro; terribile passione che sfida tutti i pericoli, rovescia tutti gli ostacoli, e che nei suoi ardori sembra adatta a distruggere il genere umano che è destinata a conservare.

Che diverranno gli uomini in preda a questa rabbia sfrenata e brutale, senza pudore, senza ritegno, disputandosi ogni giorno i loro amori al prezzo del loro sangue?

Bisogna convenir subito, che quanto più le passioni sono violente, tanto più le leggi sono necessarie per contenerle: ma oltre ai disordini e agli omicidi che queste causano fra di noi tutti i giorni, mostrano anche molto l'insufficienza delle leggi, e sarebbe ancora cosa buona analizzare se questi disordini siano nati con leggi stesse; al punto che se anche esse fossero capaci di reprimerli, questo sarebbe il meno che si dovesse esigere, cioè di fermare un male che non esisterebbe senza di esse.

Incominciamo dal distinguere la morale dall'aspetto fisico nel sentimento dell'amore. Il fisico è quel desiderio generale che ha un sesso di unirsi all'altro; la morale è ciò che determina questo desiderio, e lo fissa su un solo oggetto esclusivamente, o che almeno gli dà per questo oggetto preferito un più alto grado di energia. Ora è facile vedere che la morale dell'amore è un sentimento fattizio, nato dalla pratica nella società, e celebrato dalle femmine con molta abilità e cura per stabilire il loro impero, e render dominante quel sesso che dovrebbe obbedire.

Questo sentimento essendo fondato su alcune nozioni di merito, o di bellezza che un selvaggio non può avere, e su alcuni paragoni che non è in grado di fare, questo sentimento deve essere quasi nullo per esso: poiché, come il suo spirito non ha potuto formarsi idee astratte di regolarità e di proporzione, allo stesso modo il suo cuore non è suscettibile di quei sentimenti di ammirazione, di amore, i quali senza neppure accorgersene, nascono dall'applicazione di queste idee; egli ascolta unicamente il temperamento che ha ricevuto dalla natura, e non il gusto che non ha potuto avere; ed ogni femmina va bene per esso.

Ristretti al solo fisico dell'amore, e molto felici di ignorare queste preferenze che irritano il sentimento, e accrescono le difficoltà, gli uomini devono sentire con minor frequenza, e meno intensamente gli ardori del temperamento, e di conseguenza essere fra di loro le dispute più sporadiche e meno crudeli. L'immaginazione che fa tante stragi fra noi, non parla ai cuori dei selvaggi; ciascuno attende tranquillamente l'impulso della natura; vi si abbandona senza scelta con maggior piacere che furore; e soddisfatto il bisogno, resta estinto ogni desiderio.

Ella è dunque una cosa incontrastabile, che l'amore stesso, come pure tutte le altre passioni, non ha acquisito, se non nella società, quell'impetuoso ardore che lo rende così sovente funesto agli uomini: ed è tanto più ridicolo di rappresentare i selvaggi continuamente intesi l'un l'altro ad ammazzarsi per soddisfare la loro brutalità, quanto più questa opinione è direttamente contraria all'esperienza; anche i Caribi, quelli che fra tutti i popoli esistenti si siano fino a quest'ora meno allontanati dallo stato di natura, sono precisamente i più pacifici nei loro amori, e i meno soggetti alla gelosia, sebbene vivano sotto un clima ardente, il quale sembra che dia sempre a queste passioni una più grande intensità.

Riguardo alle deduzioni che si potrebbero trarre dalle diverse specie di animali e dai combattimenti dei maschi, i quali insanguinano in ogni tempo i nostri cortili, o che fanno risuonare nella primavera i nostri boschi delle loro grida per disputarsi la femmina, convien subito cominciare escludendo tutte le specie, in cui la natura ha manifestamente stabilito, nella potenza relativa dei sessi, rapporti differenti rispetto ai nostri; così il combattimento dei galli non dà alcuna deduzione per la specie umana. E nella specie ove la proporzione è meglio osservata, questi combattimenti non possono avere per causa che il poco numero delle femmine riguardo a quello dei maschi, oppure gli intervalli specifici, duranti i quali la femmina rifiuta costantemente l'avvicinamento del maschio, finché non si ritorna alla prima causa; poiché se ciascuna femmina non sopporta il maschio che per due mesi l'anno, egli è sempre lo stesso, ma il numero delle femmine resta minore di cinque sesti: ora ciascuno di questi due casi non è applicabile alla specie umana, in cui il numero delle femmine sorpassa generalmente quello degli uomini, e in cui non si è giammai osservato, neppure fra i selvaggi; che le femmine abbiano, come quelle delle altre specie, un tempo di calore e di esclusiva. Inoltre, in molti di questi animali, entrando tutta la specie nel medesimo tempo nella effervescenza, ne sovviene un momento terribile di comune ardore, di tumulto, di disordine, e di combattimento: momento il quale non ha luogo fra l'umana specie, in cui non è giammai periodico l'amore. Non si può dunque concludere dal combattimento di certi animali per il possesso delle femmine, che la stessa cosa accadrebbe all'uomo nello stato di natura; e quand'anche si potesse trarre questa conclusione, come queste dispute non distruggono le altre specie, non si deve pensare che ciò sarebbe più funesta alla nostra; ed è una cosa chiarissima che esse vi produrrebbero ancora minore strage che non fanno nella società, soprattutto nei paesi ove i costumi essendo ancora importanti per qualunque cosa, la gelosia degli amanti, e la vendetta degli sposi cagionano ogni giorno duelli, omicidi, e peggio ancora; dove il dovere di una eterna fedeltà non serve che a far degli adulteri, e dove le leggi stesse della continenza e dell'onore dilatano necessariamente la dissolutezza, e moltiplicano gli aborti.

Concludiamo che camminando nelle foreste senza industria, senza linguaggio, senza domicilio, senza guerra, senza alleanze, senza alcun bisogno dei suoi simili, come senza alcun desiderio di loro nuocere, può essere ancora, senza mai riconoscerne alcuno individualmente, l'uomo selvaggio soggetto a poche passioni, e bastandosi a sé medesimo, non aveva che i sentimenti ed i lumi propri a questo stato; in cui egli non sentiva che i suoi veri bisogni, non guardava che a ciò che credeva essere interessato di vedere, e la sua intelligenza non faceva maggiori progressi della di lui vanità. Se per caso faceva qualche scoperta, egli non poteva nemmeno comunicarla, poiché non conosceva nemmeno i suoi figliuoli.

L'arte moriva con l'inventore: non vi era né educazione, né progressi: le generazioni si moltiplicavano inutilmente: partendo ciascuna dallo stesso punto, scorrevano i secoli con tutta la rozzezza delle prime età; era già invecchiata la specie ma l'uomo restava sempre fanciullo.

Se mi sono troppo esteso sulla supposizione di questa condizione primitiva, il fatto è che, avendo da distruggere antichi errori e inveterati pregiudizi, credo di dover scavare fino alla radice, e mostrare nel ritratto del vero stato di natura, quanto l'ineguaglianza stessa naturale sia lontana dall'avere in questo stato tanta realtà ed influenza, quanto ne pretendono i nostri scrittori.

Infatti è facile a vedersi che fra le differenze che distinguono gli uomini, molte passano per naturali, e non sono unicamente che l'opera dell'abitudine, e dei diversi generi di vita che gli uomini adottano nella società.

Così un temperamento robusto, o delicato, la forza, o la debolezza che ne dipendono, vengono spesso più dalla maniera dura, o effeminata con cui si è stato allevato, che dalla costituzione primitiva dei corpi. E' lo stesso per le forze dello spirito; e non solamente l'educazione mette della differenza fra gli spiriti coltivati e quelli che non lo sono, ma essa accresce quella che si trova fra i primi rispetto alla cultura; poiché se un gigante e un pigmeo camminassero sulla medesima strada, ciascun passo che facessero l'uno e l'altro darebbe un nuovo vantaggio al gigante; così se si paragona la diversità prodigiosa di educazione, e dei generi di vita che regna nei differenti ordini dello stato civile, con la semplicità e uniformità della vita animalesca e selvaggia, in cui tutti si nutrono con gli stessi alimenti, vivono alla stessa maniera e fanno esattamente le medesime cose, si comprenderà quanto deve esser minore la differenza da uomo a uomo nello stato di natura, che in quello di società, e quanto l'ineguaglianza naturale deve crescere nella specie umana per l'ineguaglianza d'istituzione.

Ma quando la natura creasse nella distribuzione dei suoi doni tante differenze quante si pretendono, qual vantaggio ne trarrebbero i più favoriti a pregiudizio degli altri in uno stato di cose che non ammetterebbe quasi alcuna sorta di relazione fra essi? Là dove non v'è amore, a che serve la bellezza? che cosa potrà fare lo spirito a persone che non parlano, e la scaltrezza a chi non ha affari? Io sento sempre ripetermi, che i più forti opprimerebbero i più deboli, ma vorrei che mi si spiegasse ciò che vuol dire questa parola *oppressione*. Gli uni domineranno con violenza, gli altri si lamenteranno soggetti a tutti i loro capricci: ecco precisamente ciò che osservo fra noi; ma non vedo come ciò potrebbe dirsi degli uomini selvaggi, ai quali si avrebbe anzi una gran difficoltà a far intendere cosa siano la servitù ed il dominio. Un uomo potrebbe bensì impadronirsi dei frutti che un altro ha raccolti, della cacciagione che ha uccisa, della caverna che gli serviva come riparo; ma come verrà egli a capo di farsi obbedire, e quali potranno essere le catene della dipendenza fra uomini che non posseggono nulla? Se mi cacciano da un albero, sono in libertà di andarmene ad un altro; se mi infastidiscono in un luogo, chi m'impedirà di andare altrove?

Si trova un uomo d'una forza molto alla mia superiore, ed assai più corrotto, abbastanza pigro, e molto feroce per costringermi a provvedere alla di lui sussistenza intanto ch'egli resta ozioso? bisogna che egli non mi perda di vista un solo istante, mi tenga legato con grandissima cura durante il suo sonno, per timore che io non gli sfugga, o non lo ammazzi: cioè a dire, egli è obbligato di esporsi volontariamente ad una pena molto più grande di quella che egli vuol evitare, e di quella che egli dà a me stesso.

Dopo tutto ciò, la sua sorveglianza si stancherà un momento? uno rumore improvviso gli farà volgere la testa? io faccio venti passi nel bosco, rompo le mie catene, ed egli mai più non mi rivede.

Senza prolungare inutilmente questi dettagli, ciascuno deve capire che i legami della servitù non essendo formati che dalla mutua dipendenza degli uomini, e dai reciproci bisogni che li uniscono, è impossibile assoggettare un uomo senza averlo prima posto nel caso di non poter fare a meno dell'altro: situazione che non esistendo nello stato di natura, lascia ciascuno libero dal giogo, e rende vana la legge del più forte.

Dopo aver provato che l'ineguaglianza è appena visibile nello stato di natura, e che la sua influenza è quasi nulla; mi resta di mostrare la sua origine e i suoi progressi nei successivi sviluppi dello spirito umano.

Dopo aver mostrato che la *perfezionabilità*, le virtù sociali e le altre facoltà che l'uomo naturale aveva ricevute in potenza, non potevano giammai svilupparsi da sè medesime, poiché esse avevano bisogno del concorso fortuito di molte cause straniere, le quali non potevano giammai nascere, e senza le quali egli sarebbe eternamente rimasto nella sua primitiva condizione; mi resta da considerare e da raggiungere i differenti azzardi che hanno potuto perfezionare la ragione umana nel deteriorarne la specie, rendere un essere cattivo, riducendolo a socievole, e da una meta così lontana condurre infine l'uomo e il mondo al punto in cui noi lo vediamo.

Confesso che gli avvenimenti, che sto per descrivere, avendo potuto succedere in molte maniere, non possono che farmi scegliere il modo se non per congetture: ma comunque queste congetture diventano ragioni quando esse siano le più probabili che si possano trarre dalla natura delle cose, e i soli mezzi che si possano avere per scoprire la verità, le conseguenze che voglio dedurre non saranno perciò congetture, poiché sui principi che ho stabiliti, non si saprebbe formare qualunque altro sistema, il quale non mi fornisse i medesimi risultati, e da cui non potessi trarre le medesime conclusioni.

Ciò mi dispenserà dallo stendere le mie riflessioni sul modo in cui il decorso del tempo compensa la poca verosimiglianza degli avvenimenti; sulla sorprendente potenza di alcune cause finché esse agiscono senza interruzione; sull'impossibilità, in cui da una parte si è di distruggere alcuna ipotesi, se dall'altro canto non si è in grado di dare certezza dei fatti; su ciò che due fatti essendo dati come reali per legare un seguito di fatti intermedi, sconosciuti, o riguardati come tali, tocca alla storia, quando la si ha, di dare i fatti che li legano, ed in di lei mancanza, tocca alla filosofia di determinare i fatti simili che possono legarli; infine su ciò, che in materia di avvenimenti la similitudine riduce i fatti a un assai minor numero di classi differenti, che non si può immaginarselo.

Mi basta di offrire questi oggetti alla considerazione dei miei giudici: mi basta di aver fatto in modo che i volgari lettori non avessero bisogno di considerarli.

PARTE SECONDA

Il primo uomo che avendo recintato di siepi un terreno, pensò di dire *questo è mio,* e che trovò persone tanto semplici per crederlo, fu il vero fondatore della civile società.

Quanti delitti, guerre, omicidi, miserie ed orrori non avrebbe risparmiato al genere umano colui, il quale sradicando i pali, o riempiendo il fosso circondava il terreno, avesse gridato ai suoi simili: guardatevi dal prestar orecchio a questo impostore; voi siete perduti, se vi scordate che i frutti sono di tutti, e che la terra non è di alcuno; ma vi è una grande verità, che le cose fossero già arrivate a un punto da non poter più durare come erano; poiché questa idea di proprietà riprendendo da molte altre idee anteriori, che non hanno potuto nascere che successivamente, non si formò in un istante nello spirito umano: convenne far molti progressi, acquistar grande industria e molti lumi, trasmetterli, accrescerli di epoca in epoca, prima di giungere a questo ultimo termine dello stato di natura.

Riprendiamo dunque le cose più sopra, e cerchiamo di unire sotto un solo punto di vista questa lenta successione di avvenimenti e di cognizioni nel loro ordine più naturale.

Il primo sentimento dell'uomo fu quello relativo alla sua stessa esistenza; la sua prima cura, quella della sua conservazione.

I prodotti della terra gli fornivano tutti i necessari aiuti; l'istinto lo portò a farne uso. La fame ed altri appetiti gli facevano provare diverse maniere di esistere: ce ne fu una che lo invitò a perpetuare la sua specie; e questa cieca inclinazione, sprovvista di ogni sentimento del cuore, non produceva che un atto puramente animalesco: soddisfatto il bisogno, non si riconoscevano più i due sessi, ed il fanciullo stesso non era più della madre, e presto poteva fare a meno di essa.

Tale fu la condizione dell'uomo primitivo; tale fu la vita di un animale ristretta all'inizio alle pure sensazioni, e che si approfittava solo dei doni che gli offriva la natura, lungi dal pensare a strappargliene: ma ben presto gli si presentarono delle difficoltà; e gli convenne imparare a vincerle. L'altezza degli alberi che gli impediva di arrivare ai loro frutti, la concorrenza degli animali che cercavano di nutrirsene, la ferocità di quelli che attentavano alla sua vita, tutto l'obbligò ad applicarsi agli esercizi del corpo; bisognò rendersi agile, prestante alla corsa, vigoroso al combattimento.

Le armi naturali, che sono i rami degli alberi e le pietre, si trovarono ben presto sotto alle sue mani.

Imparò a sormontare gli ostacoli della natura, a combattere nelle occorrenze gli altri animali, a disputare la sua sussistenza agli uomini stessi, o a ammettere che bisognava cedere al più forte.

A misura che si estendeva il genere umano, le pene degli uomini si moltiplicarono.

La differenza dei terreni, del clima, delle stagioni, dovette costringerli a tenerne conto nella loro maniera di vivere. Negli anni sterili, inverni crudi e lunghi, estati ardenti che tutto consumano, ricercarono una nuova arte. Quelli lungo il mare e i fiumi inventarono le canne e l'amo, e diventarono pescatori ed ectofagi. Quei dei boschi costruirono degli archi e delle frecce, e divennero cacciatori e guerrieri: nei paesi freddi si coprivano con le pelli degli animali che avevano uccisi.

Il fulmine, un vulcano, e qualche felice tentativo fecero loro conoscere il fuoco, nuova sorgente contro il rigore dell'inverno: appresero a conservare questo elemento, poi a riprodurlo, ed infine a cuocere le vivande che prima mangiavano crude.

Queste reiterate applicazioni degli enti diversi da lui, gli uni agli altri, dovettero naturalmente generare nello spirito dell'uomo le percezioni di certi rapporti.

Quelle relazioni che noi esprimiamo con le parole di grande, piccolo, forte, debole, presto, lento, timoroso, ardito, ed altre simili idee paragonate al bisogno, e quasi senza pensarci, alla fine produssero in lui qualunque sorta di riflessione, o piuttosto una prudenza macchinosa che gli indicava le precauzioni le più necessarie alla sua sicurezza.

I nuovi lumi che risultarono da questo sviluppo, aumentarono la sua superiorità sugli altri animali, facendogliela conoscere. Si esercitò a tender loro delle insidie, li ingannò in mille maniere: e, benché molti lo sorpassassero in forza nel combattimento, o in velocità nella corsa, di quelli che potevano servirlo o nuocerlo, divenne col tempo il padrone degli uni, ed il flagello degli altri.

In tal guisa il primo sguardo che portò su sé stesso, vi produsse il primo movimento d'orgoglio; e in questo modo non sapendo ancora distinguere i ruoli, e contemplandosi da solo per la sua specie, si preparava a pretendere tutto per sé medesimo.

Benché i suoi simili non fossero per lui ciò che essi sono per noi, e che non avesse nessun maggior patto con essi rispetto agli altri animali, non furono però dimenticati nelle sue riflessioni. La conformità che il tempo poté fargli capire esserci fra loro, la sua femmina e lui medesimo lo fecero giudicare di quelle che non vedeva; e vedendo che gli altri si comportavano come in simili circostanze anche lui avrebbe fatto, concluse che la loro maniera di pensare e di sentire era interamente conforme alla sua; e questa importante verità ben stabilita nel suo spirito lo fece seguire, per un presentimento così sicuro e più efficace della dialettica, le migliori regole di condotta che per il suo vantaggio e la sua sicurezza gli convenisse osservare insieme a loro.

Istruito dall'esperienza rispetto al fatto che l'amore e lo stare bene è la sola spinta delle umane azioni, si trovò in grado di distinguere le rare occasioni nelle quali per il comune interesse potesse esser sicuro dell'assistenza da parte dei suoi simili, e quelle più rare ancora, nelle quali la concorrenza doveva metterlo in guardia da essi. Nel primo caso, egli si univa con essi in truppa, o al più per qualche sorta di libera associazione, la quale non obbligava alcuno, e che non durava se non quanto il passeggero bisogno che l'aveva formata; nel secondo caso, ciascuno cercava di cogliere i suoi vantaggi, o apertamente se credeva di poterlo fare; o con l'intelligenza e la sottigliezza se si sentiva il più debole.

Ecco come gli uomini poterono insensibilmente acquistare qualche grossolana idea dei reciproci impegni, e del vantaggio nell'adempirli, ma solo quanto poteva esigerlo l'interesse presente e sensibile; poiché nulla per essi era la previdenza, e lungi dall'occuparsi di un lontano avvenire, non pensavano neppure al domani.

Si trattava di prendere un cervo? ciascuno sentiva bene di dover difendere con fedeltà il proprio ruolo; ma se una lepre veniva a passare a portata d'uno di essi, non è da dubitarsi che egli non la seguisse senza scrupolo, e che avendo raggiunta la sua preda, egli poca pena si prendesse di farla mancare ai suoi compagni.

E' facile da comprendere, che un simile patto non esigeva un linguaggio molto più raffinato di quello delle cornacchie, o delle scimmie che si uniscono con i loro pari. Grida inarticolate, molti gesti, ed alcuni strepiti imitativi, dovettero comporre per lungo tempo la lingua universale; al che unendosi in ciascun gruppo alcuni suoni articolari e convenzionali, dei quali, come ho di già detto, non è troppo agevole di spiegarne l'istituzione, si ebbero delle lingue particolari, ma grossolane, imperfette, e simili all'incirca a quelle che hanno ancora al giorno d'oggi diverse selvagge nazioni. Scorro veloce la moltitudine dei secoli, forzato dal tempo che passa, dall'abbondanza della cose che ho a dire, e dal progresso quasi insensibile dei principi; in modo che più gli avvenimenti erano lenti a succedere, più sono veloci ad essere descritti.

Questi primi progressi misero infine l'uomo in grado di farne di più rapidi. Più s'illuminava lo spirito, più si perfezionava l'intelligenza. Ben presto cessando di addormentarsi sotto il primo albero, o di ritirarsi nelle caverne, trovarono alcune assi di pietre dure e taglienti, che servirono a tagliar dei legni, a scavare la terra, a costruire delle capanne coi rami degli alberi, che si pensò in seguito d'intonacare con argilla e fango. Questa fu l'epoca di una prima rivoluzione, che formò lo stabilirsi e la distinzione delle famiglie, e che introdusse una sorta di proprietà, da cui può ben essere che di già nascessero delle dispute e dei combattimenti. Nonostante, come i più forti furono verosimilmente i primi a farsi degli alloggiamenti che si sentivano capaci di difendere, si può credere che i più deboli trovassero più espedienti e più sicurezza nell'imitarli, che nel tentare di sloggiarli: e quanto a quelli che avevano già delle capanne, ciascuno dovette poco curarsi d'appropriarsi di quella del suo vicino, non tanto perché non gli apparteneva, quanto perché gli sarebbe stata inutile, e perché non avrebbe potuto impadronirsi, senza esporsi ad un vivo combattimento con la famiglia che la occupava.

I primi sviluppi del cuore furono l'effetto di una nuova situazione, che, riuniva in una comune abitazione i mariti e le mogli, i padri e i figliuoli; l'abitudine, di vivere insieme fece nascere i più dolci sentimenti che siano conosciuti dagli uomini, l'amor coniugale, e l'amor paterno. Ciascuna famiglia divenne una piccola società, tanto più unita, quanto che il reciproco attaccamento e la libertà ne erano i soli legami; e fu allora che si stabilì la prima differenza nella maniera del vivere dei due sessi, che fin qui non ve ne era stata che una. Le femmine divennero più sedentarie, e si prodigarono a guardare la capanna e i figliuoli, nel mentre che l'uomo andava a cercare la comune sussistenza. Così i due sessi cominciarono, mediante una vita un po' più tranquilla, a perder qualche cosa della loro ferocità e del loro vigore: ma se ciascuno separatamente diveniva meno propenso a combattere le bestie selvagge, al momento di incontrarle fu più facile unirsi assieme per resistergli in comune.

In questo novello stato, con una vita semplice e solitaria, con ristrettissimi bisogni, e con strumenti che essi avevano inventato per provvedere a loro stessi, gli uomini godendo di un grandissimo ozio, lo impiegarono per procurarsi vari tipi di comodità sconosciuti ai loro padri: e questo fu il primo giogo che s'imposero senza accorgersene, e la prima sorgente dei mali che preparavano ai loro discendenti; cosicché oltre che essi continuarono così ad indebolire il corpo e lo spirito, queste comodità avendo per abitudine perduto quasi tutto il loro divertimento, ed essendo nel medesimo tempo degenerate in veri bisogni, ne divenne molto più crudele la privazione, di quanto non ne era stato dolce il possesso, ed erano infelici nel perderle, senza esser felici nel possederle.

Qui si scorge un po' meglio come l'uso della parola si stabilì, o si perfezionò insensibilmente nel seno di ciascuna famiglia, e si può congetturare ancora come diverse cause particolari poterono estendere il linguaggio, e accelerarne i progressi rendendolo più necessario.

Alcune grandi inondazioni, o terremoti circondarono di acqua, o di precipizi qualche cantone abitato; improvvise rivoluzioni del globo staccarono e tagliarono in isole alcune porzioni del continente. Si concepisce che fra uomini così riuniti, e sforzati di viver assieme, si dovette formare un idioma comune piuttosto che fra quelli che erravano liberamente nei boschi della terraferma. Così è possibilissimo che dopo i loro primi assaggi di navigazione, alcuni isolani abbiano portato fra noi l'uso della parola; ed è almeno molto verosimile che la società e le lingue abbiano avuto la loro prima nascita nelle isole, e che vi si siano perfezionate prima di essere conosciute nel continente. Tutto comincia a cambiar faccia.

Gli uomini erranti fin ad ora nei boschi, avendo preso una dimora più fissa, si raggiungono lentamente, si riuniscono in diverse truppe, e formano infine in ciascuna contrada una particolare nazione, unita da costumi e caratteri, non da regolamenti e da leggi, ma dal medesimo genere di vita e di alimenti, e dalla comune influenza del clima.

Una continua vicinanza non può fare a meno di non generare infine qualche legame fra le diverse famiglie. Giovani persone di differenti sessi abitano delle vicine capanne; il commercio passeggero che ricerca la natura, ne conduce ben presto un altro non meno dolce e più permanente dalla mutua frequentazione. Si prende l'uso a considerar differenti oggetti, e a farne dei paragoni; si acquistano insensibilmente idee di merito e di bellezza, le quali producono dei sentimenti di preferenza. A forza di vedersi, non si può evitare di non vedersi ancora. Un tenero sentimento dolce s'insinua nell'anima, e dall'opposizione diventa un impetuoso furore: con l'amore si sveglia la gelosia; la discordia trionfa, e la più dolce delle passioni riceve sacrifici di sangue umano. Mentre le idee e i sentimenti si succedono, mentre lo spirito ed il cuore si esercitano, il genere umano continua ad ammansirsi, si estendono i legami, e i nodi si serrano.

Presero l'abitudine di unirsi dinanzi alle capanne, o attorno ad un grande albero: il canto e il ballo, veri figli dell'amore e dell'ozio, divennero il divertimento, o piuttosto l'occupazione degli uomini e delle femmine oziosi e raggruppati. Ciascuno cominciò ad osservare gli altri, e a voler essere guardato egli stesso; e la pubblica stima ebbe un prezzo. Quello che meglio cantava, o ballava, il più bello, il più forte, il più agile, il più eloquente, divenne il più considerato: e questo fu il primo passo verso l'ineguaglianza, e nello stesso tempo verso il vizio: da queste prime preferenze nacquero da una parte la vanità e il disprezzo; dall'altra la vergogna e l'invidia; e la fermentazione causata da questi nuovi lieviti produsse infine dei composti dannosi alla felicità e all'innocenza.

Appena gli uomini ebbero cominciato ad apprezzarsi vicendevolmente, e che l'idea di considerazione fu formata nel loro spirito, ciascuno pretese di averne diritto, e non fu più possibile ad alcuno di mancarvi impunemente. Da là uscirono pure i primi doveri della civiltà fra i selvaggi; e da là ciascun torto volontario divenne un oltraggio, perché col male che risultava dall'ingiuria, l'offesa fu il modo di punire ciascuno il disprezzo che gli veniva testimoniato in una maniera proporzionata al caso, divennero terribili le vendette, e sanguinari e crudeli gli uomini.

Ecco precisamente il grado a cui erano pervenuti la più parte degli uomini selvaggi che ci sono conosciuti: ed è per difetto di non aver sufficientemente distinte le idee, e rimarcato quanto questi uomini erano così già lontani dal primo stato di natura, che molti si sono affrettati a concludere, che l'uomo è naturalmente crudele, e che egli ha bisogno di politica per raddolcirsi; frattanto che nulla è più dolce di lui nel primitivo stato, allorché collocato dalla natura a distanze uguali e dalla stupidità dei bruti, e dai lumi funesti dell'uomo civile, e costretto egualmente dall'istinto e dalla ragione a garantirsi dal male che lo minaccia, egli è trattenuto dalla pietà naturale dal far male a chiunque, senza esservi portato da qualche motivo, ed anche dopo averne ricevuto.

Poiché secondo l'assioma del saggio Locke *non vi potrebbe essere ingiuria, ove non vi potess'essere proprietà.*

Ma conviene rimarcare che la società cominciata, e le relazioni già stabilite fra gli uomini, esigevano da essi qualità differenti da quelle a cui essi tenevano dalla loro primitiva costituzione; dato che la moralità cominciando ad introdursi nelle azioni umane, ed essendo ciascuno davanti le leggi il solo giudice e indicatore delle offese che aveva ricevute, la bontà che conveniva al puro stato di natura non era più quella che convenisse alla società nascente; poiché conveniva che le punizioni divenissero più severe, a misura che le occasioni di offendere divenivano più frequenti, e che al terrore delle vendette toccava far le veci del freno delle leggi. In tal modo, benché gli uomini fossero divenuti meno tolleranti, e che la pietà naturale avesse già sofferto qualche alterazione, questo sviluppo delle facoltà umane tenendo un giusto mezzo fra l'indolenza dello stato primitivo e la petulante attività del nostro amor proprio, dovette esser l'epoca la più felice e la più durevole. Quanto più vi si riflette, tanto più si trova che questo stato era il meno soggetto a rivoluzioni, il migliore per l'uomo (14), e che egli non ne dovette uscirne che a causa di qualche funesto azzardo, il quale per la comune utilità non avrebbe dovuto giammai succedere.

L'esempio dei selvaggi, che si sono quasi tutti trovati a questo punto, sembra confermare che il genere umano era fatto per restarvi sempre, che questo stato è la vera giovinezza del mondo, e che tutti gli ulteriori progressi sono stati in apparenza altrettanti passi verso la perfezione dell'individuo, ma in realtà verso la decrepitezza della specie.

Fintanto che gli uomini si accontentarono delle loro rustiche capanne, fintanto che si limitarono a cucire i loro abiti di pelle con le spine, o con le lische, ad ornarsi di piume e di conchiglie, a dipingersi il corpo di diversi colori, a perfezionare, o ad abbellire i loro archi e le loro frecce, a tagliare con pietre taglienti alcune barchette da pescatori, o alcuni grossolani strumenti di musica; in una parola fintanto che non si applicarono che ad opere che poteva fare uno solo, e ad arti che non avevano la necessità del concorso di molte mani, essi vissero liberi, sani, buoni, e felici quanto potevano esserlo di natura, e continuarono a godere fra loro di un indipendente patto; ma dall'istante che un uomo ebbe bisogno dell'aiuto di un altro; da quando si comprese che era cosa utile ad uno solo di aver provvigioni per due, scomparve l'eguaglianza, s'introdusse la proprietà, divenne necessario il lavoro, e le vaste foreste si mutarono in ridenti campagne che convenne annaffiare con i sudori degli uomini, e nelle quali si vide ben presto gemere e crescere con le messi la schiavitù e la miseria.

La metallurgia e l'agricoltura, furono le due arti, la cui invenzione produsse rivoluzioni grandi.

Per il poeta è l'oro e l'argento, ma per il filosofo il ferro e il grano sono quelli che hanno incivilito gli uomini, e perduto il genere umano; così l'uno e l'altro erano sconosciuti ai selvaggi dell'America, e perciò sono sempre restati tali: gli altri popoli pure sembra che siano restati barbari fintanto che hanno praticata una di queste arti senza l'altra; ed una forse delle migliori ragioni perché l'Europa è stata, se non più presto, almeno più costantemente meglio delle altre parti del mondo la più cittadina, è, perché è la più abbondante in ferro, e la più fertile in grano.

E' difficilissimo di fare congetture su come gli uomini siano pervenuti a conoscere ed impiegare il ferro; dato che non è cosa credibile che essi abbiano immaginato da soli di estrarre la materia dalla miniera, e di darle le preparazioni necessarie per metterla in fusione, prima di sapere ciò che ne sarebbe risultato.

D'altro canto non si può nemmeno attribuire questa scoperta a qualche accidentale incendio, poiché le miniere non si formano che negli aridi luoghi, spogli di alberi e di piante; in modo che si direbbe che la natura aveva preso delle precauzioni per nasconderci questo fatale segreto.

Non resta dunque che la straordinaria circostanza di qualche vulcano, il quale eruttando materie metalliche fuse, abbia dato a chi osservava l'idea di imitare questa operazione della natura: inoltre conviene supporre un gran coraggio e previsione per intraprendere una così grave fatica e scorgerne i vantaggi che si potevano trarre nel lungo periodo; un'attività che quasi non conviene se non a spiriti già più esercitati di quanto questi dovessero esserlo.

Quanto all'agricoltura, il principio fu conosciuto molto tempo prima che ne fosse stabilita la pratica: e non è possibile che gli uomini continuamente occupati a trarre la loro sussistenza dagli alberi e dalle piante, non avessero molto prontamente acquisita l'idea dei modi che la natura impiega per la generazione dei vegetali; ma probabilmente la loro intelligenza non si voltò da questa parte che molto tardi, sia perché gli alberi, i quali con la caccia e la pesca somministravano loro il nutrimento, non avevano bisogno delle loro attenzioni, sia per difetto di non conoscere l'uso del grano, sia per la mancanza di strumenti per coltivarlo, sia per mancanza di previdenza per i futuri bisogni, sia infine per mancanza dei mezzi per impedire agli altri di appropriarsi del frutto del loro lavoro.

Divenuti più industriosi, si può credere che con pietre acute ed appuntiti bastoni essi cominciassero a coltivare alcuni legumi o radici attorno alle loro capanne, molto tempo prima di saper preparare il grano, e di aver gli strumenti necessari per la coltura in grande, senza contare che per abbandonarsi a questa occupazione, bisogna risolversi a perder subito qualche cosa per guadagnare molto più avanti: precauzione molto lontana dal modo dello spirito dell'uomo selvaggio, il quale, come ho già detto, fa fatica a pensare la mattina per i bisogni della sera.

L'invenzione delle altre arti fu dunque necessaria per incentivare il genere umano ad applicarsi a quella dell'agricoltura. Se servirono degli uomini per fondere e battere il ferro, per nutrire questi servirono ancora altri uomini. Più il numero degli operai venne a moltiplicarsi, meno mani furono impiegate per somministrare la sussistenza comune, senza che diminuissero le bocche per consumarla: e come servirono agli uni delle derrate in cambio del loro ferro, gli altri trovarono infine il segreto per impiegare il ferro alla moltiplicazione delle derrate.

Da ciò nacquero da una parte il lavoro della terra e l'agricoltura, e dall'altra l'arte di lavorare i metalli, e di moltiplicarne gli usi.

Dalla coltivazione delle terre ne seguì necessariamente la sua ripartizione, e dalla proprietà una volta riconosciuta le prime regole di giustizia: poiché per rendere a ciascuno il suo, bisogna che ciascuno possa aver qualche cosa; di più, cominciando gli uomini a portar le loro ambizioni nel futuro, e vedendo tutti che avevano qualche cosa da perdere, non ce n'era nessuno che non avesse a temere le rappresaglie dei torti che egli poteva fare agli altri.

Questa origine è tanto più naturale, quanto è impossibile concepire l'idea della proprietà da altra parte, che da quella del lavoro; del resto non si vede che l'uomo per appropriarsi le cose che non ha fatte, altro non vi possa mettere che il suo lavoro. Il lavoro solo è quello, il quale dando il diritto al coltivatore sul prodotto della terra che ha lavorata, gliene dà per conseguenza il fondo, almeno fino alla raccolta, e così d'anno in anno; di modo che esercitando un continuo possesso, si trasforma facilmente in proprietà.

Allorché gli antichi, dice Grozio, hanno dato a Cerere l'epiteto di legislatrice, e ad una festa celebrata in suo onore il nome di Thesmophoria (pubblicazione delle leggi), hanno con ciò fatto intendere che la suddivisione delle terre ha prodotto una nuova sorta di diritto; cioè a dire il diritto di proprietà, differente da quello che risulta dalla legge naturale.

Le cose in tale stato avrebbero potuto restare eguali se uguali fossero stati i talenti, e se, per esempio l'impiego del ferro ed il consumo delle derrate avessero sempre tenuto un esatto equilibrio; ma non essendo cosa veritiera che si mantenesse la proporzione, questa fu molto presto rotta; il più forte faceva più lavoro; il più accorto traeva miglior partito dal suo; il più ingegnoso trovava i mezzi per accorciare il lavoro; il lavoratore aveva più bisogno di ferro, o il fabbro aveva più bisogno di grano e lavorando in maniera uguale, uno guadagnava molto, mentre l'altro poteva appena vivere.

In questa maniera si scopre l'ineguaglianza naturale con quella della società, e che le differenze degli uomini, sviluppate dalla differenza delle circostanze, si rendono più sensibili, più permanenti nei loro effetti, e cominciano a influire nella medesima proporzione sulla sorte dei particolari.

Essendo arrivate a questo punto le cose, è facile immaginare il resto. Io non mi fermerò più a descrivere l'invenzione successiva delle altre arti, i progressi delle lingue, la prova e l'impiego dei talenti, l'ineguaglianza delle fortune, l'uso, o l'abuso delle ricchezze, né le particolarità che a queste fanno seguito; al che può facilmente ciascuno supplire.

Mi limiterò solamente a dar un'occhiata al genere umano, situato in questo nuovo ordine di cose.

Ecco dunque sviluppate tutte le nostre facoltà, la memoria e l'immaginazione sono all'opera; l'amor proprio interessato, resa attiva la ragione, e lo spirito quasi arrivato al termine di perfezione, di cui è suscettibile.

Ecco tutte le qualità naturali poste in azione; stabilito il rango e la sorte di ogni uomo, non solo sulla quantità dei beni, e il potere di giovare, o di nuocere, ma sullo spirito, la bellezza, la forza, o l'agilità, sul merito, o sui talenti: ed essendo queste qualità le sole che potesse attrarre una considerazione, convenne ben tosto averle, o affettarle: e convenne per proprio vantaggio mostrarsi diverso da ciò che si era nella realtà.

Essere e parere diventarono due cose affatto differenti; e da questa distinzione sortirono il fasto imponente, l'astuzia ingannevole, e tutti i vizi che ne compongono la corte.

Da un altro lato, di libero ed indipendente che era l'uomo prima, eccolo da una moltitudine di nuovi bisogni assoggettato per così dire a tutta la natura, e soprattutto ai suoi simili, dei quali in un senso ne diventa lo schiavo, nel tempo stesso che diventa il loro padrone: ricco ha bisogno dei loro servigi; povero ha bisogno dei loro aiuti; e la mediocrità non impedisce che possa fare senza di essi. Bisogna dunque che egli continuamente cerchi di interessarli alla sua sorte, e a far loro trovare nella realtà, o in apparenza il loro profitto a lavorare per il suo proprio: ciò lo rende furbo e scaltro con gli uni, imperioso e duro con gli altri; e lo mette nella necessità di abusare di tutti quelli di cui egli ha bisogno, quando non può farsi temere, e quando non trova il suo stesso interesse a servirli utilmente.

Infine la divoratrice ambizione, l'ardore di accrescere la sua fortuna relativa, non tanto per un vero bisogno, quanto per mettersi al di sopra degli altri, inspira a tutti gli uomini una mera inclinazione a nuocersi vicendevolmente, una segreta gelosia tanto più pericolosa, quanto che per far il suo colpo con maggior sicurezza prende sovente la maschera della benevolenza; in una parola, concorrenza e rivalità da un lato, opposizione d'interesse dall'altro; e sempre il segreto desiderio di trarre il proprio profitto alle altrui spese; tutti questi mali sono il primo effetto della proprietà, e l'inseparabile corteggiamento della nascente ineguaglianza.

Prima che si fossero inventati i simboli rappresentativi delle ricchezze, esse non potevano consistere che in terre ed in bestiame, essendo questi i soli beni reali che gli uomini potessero possedere.

Ma quando i fondi terreni furono accresciuti in numero ed estensione, al punto di coprire l'intero suolo e di toccarsi tutti, gli uni non poterono più ingrandirsi che a danno degli altri; e la maggior parte a cui la debolezza, o l'indolenza avevano impedito di far essi pure i loro acquisti, diventati poveri senza aver nulla perduto, ma perché tutto era cambiato attorno ad essi, ed essi soltanto non erano cambiati, furono obbligati di ricevere, o di rubare la loro sussistenza dalla mano dei ricchi: e da ciò cominciarono a nascere, secondo i diversi caratteri degli uni e degli altri, il dominio e la servitù, o la violenza e le rapine.

Dal loro canto i ricchi conobbero appena il piacere di dominare, che disprezzarono ben presto tutti gli altri; e servendosi dei loro antichi schiavi per sottometterne di nuovi, non pensarono che a soggiogare e domare i loro vicini: simili a quei lupi affamati, i quali avendo una volta gustata della carne, rifiutano ogni altro nutrimento, e non vogliono che divorar degli uomini.

In questo modo i più potenti, o i più miserabili, facendosi della loro forza, o dei loro bisogni una sorta di diritto al bene altrui, equivalente, secondo essi, a quello di proprietà, fu rotta l'eguaglianza e fu seguita dal più spaventoso disordine.

In questo modo le usurpazioni dei ricchi, le ruberie dei poveri, le sfrenate passioni di tutti soffocando la naturale pietà, e la voce ancor più debole della giustizia, resero gli uomini avari, ambiziosi, e cattivi.

Fra il diritto del più forte, ed il diritto del primo occupante insorgeva un perpetuo conflitto, il quale non terminava che con i combattimenti e con gli omicidi (15).

La nascente società diede luogo al più orribile stato di guerra: il genere umano avvilito e desolato, non potendo più ritornare indietro, né rinunciare agli infelici acquisti che aveva fatto, e non mostrando che la sua vergogna con l'abuso delle facoltà che l'onorano, si pose egli stesso sull'orlo della sua rovina.

Attonitus novitate mali, divesque miserque, effugere optat opes, et quæ modo voverat, odit.

Non è impossibile che gli uomini non abbiano fatte infine delle riflessioni su una situazione così miserabile, e sulle calamità dalle quali erano oppressi.

I ricchi soprattutto dovettero ben presto sentire quanto era loro svantaggiosa una guerra perpetua, di cui ne facevano essi soli le spese, e nella quale il rischio della vita era comune, e quello dei beni. Dall'altra parte, qualunque colore che essi potessero dare alle loro usurpazioni, sentivano abbastanza che esse non erano stabilite che su un diritto precario ed abusivo; e che non essendo state acquistate se non dalla forza, la forza poteva levargliele senza che avessero ragione di lamentarsene.

Quegli stessi che la sola intelligenza aveva arricchiti, non potevano fondare la loro proprietà su migliori titoli.

Avevano un bel dire: ho io fabbricato questo muro; ho guadagnato questo terreno con le mie fatiche. Chi vi ha dati i livellamenti, si poteva loro rispondere: ed in virtù di cosa pretendete di essere pagati di una fatica che noi non vi abbiamo imposta? Non sapete voi forse che una moltitudine dei vostri fratelli muore, o soffre il bisogno di ciò che a voi avanza, e che vi conveniva un consenso espresso ed unanime del genere umano per appropriarvi della comune sussistenza di tutto ciò che sorpassava la vostra?

Destituito di valide ragioni per giustificarsi, e di sufficienti forze per difendersi; distruggendo facilmente un soggetto, ma distrutto egli pure da truppe di banditi; solo contro tutti, e a causa delle reciproche gelosie non potendo unirsi con i suoi eguali contro i nemici, uniti dalla speranza comune del bottino, il ricco sforzato dalla necessità, concepì infine il progetto il più meditato che sia mai entrato nello spirito umano: impiegare a suo vantaggio le forze stesse di quelli che lo attaccavano, far diventare suoi difensori i suoi avversari, ispirare loro altre massime, e dar loro altre istituzioni che fossero a lui così favorevoli dato che il diritto naturale gli era contrario.

In questa situazione, dopo aver esposto i suoi vicini all'orrore di una situazione che li armava tutti gli uni contro gli altri, che rendeva le loro proprietà gravose tanto quanto i loro bisogni, e dove nessuno trovava la sua sicurezza né nella povertà, né nella ricchezza, egli inventò facilmente delle ragioni per condurli al suo scopo.

"Uniamoci, disse loro, per garantire dall'oppressione i deboli, per contenere gli ambiziosi, per assicurare a ciascuno il possesso di ciò che gli appartiene: istituiamo delle regole di giustizia e di pace, alle quali tutti siano obbligati a conformarsi, che non abbiano rispetto per alcuno, e che riparino in qualche modo i capricci della fortuna, sottomettendo egualmente il potente ed il debole a reciproci doveri; in una parola, invece di volgere le nostre forze contro noi stessi, riuniamole in un potere supremo che ci governi con sagge leggi, il quale protegga e difenda tutti i membri dell'associazione, respinga i nemici comuni, e ci mantenga in una eterna concordia."

Non servì che l'equivalente di questo discorso per trascinare degli uomini grossolani, facili da sedurre, che dall'altro lato avevano troppi affari da definire fra loro per poter fare a meno di arbitri, e troppa avarizia ed ambizione per potere stare a lungo senza padroni.

Tutti corsero ad incontrare le loro catene, credendo di assicurare la loro libertà; mentre avevano molta ragione per sentire i vantaggi di una stabilità politica, ma non abbastanza esperienza per prevederne i pericoli: i più capaci di prevederne gli abusi, erano precisamente quelli che mettevano in conto di approfittarsene, e gli stessi saggi videro che conveniva risolversi a sacrificare una parte della loro libertà per la conservazione di un'altra, come un ferito si fa tagliare il braccio per salvare il resto del corpo.

Tale fu, o dovette essere l'origine della società e delle leggi, le quali diedero nuovi ostacoli al debole, e nuove forze al ricco (16), distrussero senza riparo la libertà naturale, fissarono per sempre la legge della proprietà e dell'ineguaglianza, di una accorta usurpazione fecero un irrevocabile diritto, e per il profitto di alcuni ambiziosi assoggettarono d'ora innanzi tutto il genere umano alla fatica, alla servitù, e alla miseria.

Facilmente si vede come lo stabilirsi di una società rese indispensabile quella di tutte le altre, e come, per far fronte a forze unite, convenne a vicenda unirsi. Moltiplicandosi la società, o estendendosi rapidamente, coprirono ben presto la superficie della terra, e non fu più possibile di trovare un solo angolo dell'universo dove ci si potesse esentare dal giogo, e sottrarre il suo capo dalla spada della giustizia, sovente mal maneggiata, che ciascun uomo vide perpetuamente sospesa sopra la sua testa.

Il diritto civile essendo in tal modo divenuto la regola comune dei cittadini, la legge di natura non ebbe più luogo che fra le diverse società, dove sotto il nome del diritto delle genti ella fu temperata da alcune tacite convenzioni per rendere possibile il patto, e supplire alla commiserazione naturale, la quale, perdendo da società a società quasi tutta la forza che essa aveva da uomo a uomo, non risiede più se non in alcune grandi anime cosmopolite, le quali superando le barriere immaginarie che separano i popoli, e le quali, ad esempio dell'ente supremo che le ha create, abbracciano tutto il genere umano nella loro benevolenza.

I corpi politici restando così fra loro nello stato di natura, risentirono ben presto degli inconvenienti che li avevano sforzati ad uscirne; e questo stato divenne ancora più funesto fra questi gran corpi, rispetto a quanto non lo fosse stato prima fra gli individui dai quali erano composti.

Da ciò nacquero le guerre nazionali, le battaglie, le uccisioni, le rappresaglie che fanno fremere la natura, ed offendono la ragione, e tutti quegli orribili pregiudizi che mettono nel rango delle virtù l'onore di spargere il sangue umano.

Le persone più oneste insegnarono a tener conto fra i loro doveri quello di uccidere i loro simili; si videro infine gli uomini scannarsi a mille a mille senza sapere il perché; e si commettevano più uccisioni in un sol giorno di combattimento, e più orrori nella presa di una sola città, che non se n'erano commessi nello stato di natura per il corso d'interi secoli su tutta la faccia della terra.

Tali sono gli effetti che si intravvedono dalla divisione del genere umano in differenti società.

Ritorniamo alla loro istituzione.

Io so che molti hanno assegnato altre origini alle Società politiche, come le conquiste del più potente, o l'unione dei deboli; e la scelta fra queste cause è indifferente, a ciò che io voglio stabilire: ciò nonostante quella che vengo ad esporre mi sembra la più naturale per le seguenti ragioni.

1) Che nel primo caso, il diritto di conquista non essendo un diritto, non ha potuto fondarne nient'altro, restando sempre fra loro il conquistatore ed i popoli conquistati in un continuo stato di guerra; quando però la ragione rimessa in piena libertà non scelga volontariamente per capo il suo vincitore. Fin qua, per quante argomentazioni si siano fatte, siccome esse non sono state fondate che sulla violenza, e di conseguenza sono

nulle, non vi può essere in questa ipotesi né vera società, né corpo politico, né altra legge, senonché quella del più forte.

2) Che queste parole *forte* e *debole* sono equivoche nel secondo caso; dato che nell'intervallo che si trova fra lo stabilirsi del diritto di proprietà, o del primo occupante, e quello dei governi politici, il senso di questi termini è meglio espresso da quelli di *povero* e di *ricco*, perché infatti prima delle leggi non aveva un uomo altri mezzi per assoggettare i suoi eguali, se non attaccando i loro beni, o nel dar loro qualche parte dei suoi.

3) Che i poveri non avendo nulla da perdere oltre la libertà, sarebbe stata questa per essi una gran follìa di privarsi volontariamente del solo bene che gli restava, per non guadagnare nulla in cambio; e al contrario essendo i ricchi, per così dire, sensibili in tutte le parti dei loro beni, era molto più facile far loro del male, dato che avevano per conseguenza maggiori precauzioni da prendere per garantirsene; e che infine è ragionevole il credere, che una cosa sia stata inventata da quelli ai quali reca utilità, piuttosto che da quelli cui fa danno.

Il nascente governo non ebbe una forma costante e regolare: la mancanza di filosofia e di esperienza non lasciava vedere che gli inconvenienti presenti, e non si pensava a porger rimedio agli altri, se non nella misura che si presentavano.

Nonostante i lavori dei più saggi legislatori, lo stato politico restò sempre imperfetto, perché essendo quasi un'opera dell'azzardo, ed essendo iniziato male, il tempo impiegato nello scoprire i difetti, e nel suggerire i rimedi, non poté mai riparare ai vizi della costituzione: si raccomodava continuamente, invece di pulire prima il suolo, e di allontanare tutti i vecchi materiali, come fece Licurgo a Sparta, per innalzare poi un buon edificio.

La società non consistette inizialmente che in alcune generali convenzioni, le quali impegnarono tutti i particolari da osservare, e la cui comunità si rendeva garante verso ciascuno di essi. Bisognò che l'esperienza mostrasse quanto era debole una tale costituzione, e quanto era facile agli effrattori di evitare il patto, o il castigo delle colpe, di cui il pubblico solo doveva essere il testimone e il giudice; bisognò che fosse in mille maniere delusa la legge; bisognò che si moltiplicassero continuamente gli inconvenienti e i disordini, perché si pensasse infine a confidare ad alcuni particolari il pericoloso deposito dell'autorità pubblica; e che si affidasse ai magistrati la cura di far osservare le delibere del popolo: se nonché dire che i capi furono scelti prima che fosse fatta la confederazione, e che i ministri delle leggi esistessero prima delle leggi medesime, è una supposizione che non si possa seriamente contraddire.

Non sarebbe neppure più ragionevole il credere che i popoli si siano subito gettati nelle braccia di un assoluto padrone, senza condizioni e senza riparo, e che il primo mezzo che abbiano avuto uomini fieri e indomabili per provvedere alla comune sicurezza, sia stato quello di precipitarsi nella schiavitù.

Infatti, perché si sono essi creati dei superiori, se non per essere difesi contro l'oppressione, e protetti i loro beni, le loro libertà; le loro vite, che sono, per così dire, se non gli elementi costitutivi del loro essere? Ora nelle relazioni da uomo a uomo, il peggio che potesse succedere ad uno, essendo quello di vedersi alla discrezione di un altro, non sarebbe stato contro il buon senso il cominciar e dallo spogliarsi fra le mani di un capo delle sole cose, per la conservazione delle quali essi avevano bisogno del loro soccorso?

Qual equivalente avrebbe egli potuto offrir loro per la concessione di un così bel diritto? e se avesse osato di esigerlo sotto pretesto di difenderli, non avrebbe egli ben presto ricevuta la risposta dell'apologo; *Che ci farà di più il nemico?*

Ciò è dunque incontestabile, e questa è la massima fondamentale d'ogni diritto politico, che i popoli si sono dati dei capi per difendere la loro libertà, e non per assoggettarsi.

Se noi abbiamo un principe, diceva Plinio a Traiano, ciò è affinché ci preservi dall'avere un padrone.

I politici fanno sull'amore della libertà i medesimi sofismi che i filosofi hanno fatto sullo stato di natura; dalle cose che vedono, giudicano delle cose completamente diverse che non hanno mai visto, ed attribuiscono agli uomini una inclinazione naturale alla servitù, dalla pazienza con la quale quelli che hanno sotto gli occhi sopportano la loro, senza pensare che è della libertà, come della innocenza e della virtù, che non si sente il prezzo se non in quanto le si posseggono, e di cui se ne perde il gusto appena le si sono perdute.

"Io conosco le delizie del tuo paese, diceva Brasida ad un satrapo che paragonava la vita di Sparta a quella di Persepoli, ma tu non puoi conoscere i piaceri del mio".

Come un indomito corsiere arriccia i crini, batte la terra con i piedi, ed impetuosamente si scuote al solo avvicinamento del morso, mentre un cavallo istruito soffre pazientemente la verga e lo sprone, così l'uomo barbaro non piega la sua testa al giogo che l'uomo civilizzato porta senza mormorare, e preferisce la più burrascosa libertà ad un tranquillo assoggettamento.

Non è dunque dall'avvilimento dei popoli sommessi che bisogna giudicare delle disposizioni naturali dell'uomo pendenti, o contrarie alla servitù, ma dai prodigi che hanno fatto tutti i popoli liberi per garantirsi dall'oppressione.

Io so che i primi non fanno che vantar continuamente la pace ed il riposo di cui godono nelle loro catene, e che *miserrimam servitutem pacem appllant*: ma quando vedo gli altri sacrificare i piaceri, il riposo, la ricchezza, la potenza, e la vita stessa alla conservazione di questo solo bene, dispregiato da quelli che lo hanno perduto; quando vedo degli animali nati liberi, e abborrendo la cattività rompersi la testa nelle catene della loro prigione; quando vedo una moltitudine di selvaggi nudi disprezzare gli europei piaceri, ed affrontar la fame, il fuoco, il ferro e la morte, per non conservare che la loro indipendenza, io sento che non appartiene agli schiavi il ragionamento sulla libertà.

Quanto alla paterna autorità, da cui molti hanno fatto derivare il governo assoluto e tutta la società, senza ricorrere alle prove contrarie di Locke e di Sidney, basta di rimarcare, che nulla più è lontano dallo spirito feroce del dispotismo, quanto la dolcezza di questa autorità, la quale riguarda più il vantaggio di quello che obbedisce, l'utilità di quello che comanda; che per legge di natura il padre non è il padrone del figlio se non per il tempo in cui è necessario il suo aiuto; che aldilà di questo tempo essi diventano uguali, e che allora il figlio, perfettamente indipendente dal padre, gli deve mostrare del rispetto e non dell'obbedienza, dato che la riconoscenza è certamente un dovere che bisogna rendere, ma non già un diritto che si possa esigere.

Invece di dire che la società civile deriva dalla podestà paterna, bisognava al contrario dire che da essa questa podestà trae la sua principale forza. Un individuo non fu riconosciuto per il padre di molti, se non quando essi restarono uniti attorno a lui: i beni del padre, di cui egli è veramente il padrone, sono i vincoli che trattengono i figliuoli nella sua dipendenza, ed egli può non dar loro la parte alla sua successione se non in proporzione che essi avranno ben meritato da lui per una continua riverenza alle sue volontà.

Ora, lungi che abbiano i sudditi d'aspettare un qualche simile favore dal loro despota; come essi propriamente gli appartengono, essi e tutto ciò che posseggono, o almeno egli così pretende, sono ridotti a ricevere come un favore ciò che egli lascia loro del loro proprio bene; egli fa giustizia quando li spoglia; egli fa una grazia quando li lascia vivere.

Continuando ad esaminare così i fatti di diritto, non si troverebbe nulla più di solidità che di verità nella volontaria pratica della tirannia; e sarebbe difficile di mostrare la validità di un contratto, il quale non obbligasse che una delle parti, ove si mettesse tutto da una parte, e nulla dall'altra, e che non tendesse che al pregiudizio di quello che si impegna.

Questo odioso sistema è ben lontano dall'essere neppure al giorno d'oggi quello dei saggi e buoni monarchi, e soprattutto dei re di Francia, come si può vedere in diversi luoghi a partire dai loro editti, ed in particolare nel seguente passaggio di uno scritto celebre pubblicato nel 1667, a nome e per ordine di Luigi XIV.

"Che non si dica dunque che il sovrano non sia soggetto alle leggi dello Stato, poiché la contraria proposizione è una verità del diritto delle genti, che l'adulazione ha qualche volta attaccata, ma che i buoni principi hanno sempre difesa come una divinità tutelare dei loro Stati. Quanto è più legittimo il dire con il saggio Platone, che la perfetta felicità di un regno si è, che un principe sia obbedito dai suoi sudditi, che il principe obbedisca alla legge, e che la legge sia retta, e sempre diretta al pubblico bene!"

Io non mi fermerò a ricercare se, la libertà essendo la più nobile delle facoltà dell'uomo, ciò non sia un degradarne la sua natura, mettendosi a livello delle bestie schiave dell'istinto, un offendere l'autore del suo essere, rinunciando senza riserva al più prezioso di tutti i suoi doni, quanto lo è il sottomettersi a commettere tutti i delitti che ci proibisce, per compiacere un padrone feroce, o insensato; e se questo sublime artefice deve esser più irritato nel veder distruggere, che disonorare la sua opera più bella.

Chiederò solamente con quale diritto quelli che non hanno temuto d'avvilirsi loro stessi fino a questo punto, hanno potuto sottomettere la loro posterità alla medesima ignominia, e rinunziare per essa a quei beni che appartengono alla libertà, e senza i quali la vita medesima è gravosa a tutti quelli che ne sono degni.

Puffendorfio dice che nella stessa maniera in cui si trasferiscono i propri beni agli altri per mezzo delle convenzioni e dei contratti, nella stessa maniera si può ancora spogliarsi della propria libertà a favore di alcuno.

Questo mi sembra un cattivissimo ragionamento: dato che il bene che alieno mi diventa una cosa estranea, ed il di cui abuso mi è indifferente; però mi importa che non si abusi della mia libertà, e non posso, senza rendermi colpevole del male che mi obbligheranno a fare, ridurmi a diventare lo strumento del delitto: di più, il diritto di proprietà non essendo che di convenzione e d'istituzione umana, ogni uomo può disporre a sua voglia di ciò che possiede; ma ciò non è la stessa cosa rispetto ai doni essenziali della natura, come la vita e la libertà, dei quali è permesso a ciascuno di godere, e dei quali sorge almeno il dubbio che si abbia il dritto di spogliarsene.

Nel privarsi dell'una si degrada il suo essere; e nel privarsi dell'altro si annichila, per quanto è in sé, questo essere: e siccome non c'è alcun bene temporale che possa compensar l'una e l'altra, sarebbe perciò un offendere nello stesso tempo la natura e la ragione nel rinunciarvi a qualunque prezzo che ciò fosse.

Ma quand'anche si potesse alienare la propria libertà come i propri beni, la differenza sarebbe grandissima per i figliuoli, i quali non godono dei beni del padre che per trasmissione del suo diritto; invece la libertà essendo un dono che tengono dalla natura in quanto uomini, i loro parenti non hanno avuto diritto alcuno di spogliarli: di maniera che come per stabilire la schiavitù convenne far violenza alla natura, così convenne cambiarla per stabilire questo diritto; e i giureconsulti che hanno gravemente deciso che il figliuolo di una schiava nascerebbe schiavo, hanno deciso in altri termini che un uomo non nascerebbe uomo.

Mi sembra dunque certo, che non solamente i governi non abbiano cominciato dal potere arbitrario, il quale non è che la corruzione, l'estremo termine, ed il quale li riconduce alla fine alla sola legge del più forte, di cui essi furono all'inizio il rimedio; ma che quand'anche avessero così cominciato, questo potere essendo di sua natura illegittimo, non ha potuto servire di fondamento ai diritti della società, né per conseguenza alla ineguaglianza dell'istituzione.

Senza entrar oggi nelle ricerche che sono ancora da farsi sulla natura del patto fondamentale di ogni governo, io mi limito, seguendo l'opinione comune, a considerare qui lo stabilirsi del corpo politico come un vero contratto fra il popolo ed i capi che si sono scelti; contratto per cui si obbligano le due parti contraenti all'osservazione delle leggi che vi sono stipulate, e che formano i vincoli della loro unione.

Avendo il popolo, riguardo alle relazioni sociali, riunito tutte le sue volontà in una sola, tutti gli articoli sui quali questa volontà si spiega, diventano altrettante leggi fondamentali, le quali obbligano tutti i membri dello stato senza eccezione, ed una delle quali leggi regola la scelta ed il potere dei magistrati incaricati di vegliare all'esecuzione delle altre.

Questo potere si estende a tutto ciò che può mantenere la costituzione, senza giungere però mai a cambiarla.

Vi si uniscono degli onori che rendono rispettabili le leggi e i loro ministri, e per questi personalmente, delle prerogative che li compensano dei penosi travagli che costa una buona amministrazione.

Il magistrato, dal suo canto, si obbliga di non usare del potere che gli è stato confidato se non a seconda dell'intenzione dei committenti, di mantenere ciascuno nel pacifico godimento di ciò che gli appartiene, e di preferire in ogni occasione l'utilità pubblica al suo proprio interesse.

Prima che l'esperienza avesse mostrato, o che la cognizione del cuor umano avesse fatto prevedere gli abusi inevitabili di una tal costituzione, ella dovette apparire tanto più migliore, quanto che quelli che erano incaricati di vegliare alla sua conservazione vi erano essi stessi i più interessati: perciò la magistratura ed i suoi diritti non essendo stabiliti che sulle leggi fondamentali, ammesso che fossero distrutte; i magistrati avrebbero cessato di essere legittimi, il popolo non sarebbe stato più obbligato ad obbedire; e se non fosse stato il magistrato, ma la legge che lui avrebbe costituito l'essenza dello Stato, ciascuno sarebbe rientrato di diritto nella sua naturale libertà.

Per poco che vi si riflettesse attentamente, ciò si proverebbe con delle nuove ragioni; e dalla natura del contratto si vedrebbe che non potrebbe essere irrevocabile; poiché se non vi fosse un potere superiore, il quale potesse esser garante della fedeltà dei contraenti, né sforzarli ad adempire i loro reciprochi impegni, le parti resterebbero i soli giudici nella loro propria causa, e ciascuna di esse avrebbe sempre il dritto di rinunciare al contratto ammesso che trovasse che l'altra ne avesse infrante le condizioni, o che queste cessassero di convenirgli.

Su questo principio sembra che possa essere fondato il diritto di abdicare.

Ora, non consideriamo, come noi facciamo, l'istituzione umana, se il magistrato, il quale ha tutto il potere nelle sue mani, ed il quale si appropria tutti i vantaggi del contratto, aveva ciò nonostante il diritto di rinunciare all'autorità; la ragione del popolo è più forte, paga tutti gli errori dei capi, e dovrebbe avere il dritto di rinunciare alla dipendenza.

Ma i dissensi spaventosi, gli infiniti disordini che necessariamente trascinerebbe questo pericoloso potere, mostrano più di ogni altra cosa quanto gli umani governi avevano bisogno di una base più solida che la sola ragione; e quanto fosse necessario alla pace pubblica che intervenisse la volontà divina per dare alla sovrana autorità un carattere sacro e inviolabile, che levasse ai sudditi il funesto diritto di disporne.

Se la religione avesse fatto questo bene agli uomini, ciò basterebbe perché tutti dovessero amarla e adottarla, anche coi suoi abusi, poiché ella risparmia più sangue, che non ne spande il fanatismo: ma continuiamo con il filo della nostra ipotesi.

Le diverse forme dei governi traggono la loro origine dalle differenze più, o meno grandi che si trovarono fra i particolari al momento dell'istituzione.

Un uomo era egli eminente in potere, in virtù, in ricchezze, o in credito?

Egli solo fu eletto magistrato, e lo stato divenne monarchico.

Quando molti eguali fra di loro, i quali prevalevano su tutti gli altri, furono uniti, si ebbe un'aristocrazia. Quelli, la cui fortuna, o talenti erano meno sproporzionati, e che si erano meno allontanati dallo stato di natura, guardarono in comune la suprema amministrazione, e formarono una democrazia.

Il tempo verificò quale di queste forme era la più vantaggiosa agli uomini. Gli uni restarono unicamente soggetti alle leggi, gli altri obbedirono ben presto a dei padroni: i cittadini vollero salvare la loro libertà, i sudditi non pensarono che a levarla ai loro vicini, non potendo soffrire che altri godessero di un bene che essi più non avevano: in una parola, da un lato furono le ricchezze e le conquiste, e dall'altro la felicità e la virtù.

In tutti questi diversi governi, tutte le magistrature furono nel principio elettive; e quando non prevaleva la ricchezza, la preferenza era data al merito, il quale dà un ascendente naturale, ed alla età, la quale dà l'esperienza negli affari, ed il sangue freddo nelle deliberazioni.

I vecchioni degli Ebrei, i geronti di Sparta, il senato di Roma, e l'etimologia stessa della nostra parola signore, mostrano tutte le volte in cui è stata rispettata la vecchiaia.

Quanto più le elezioni cadevano su degli uomini avanzati in età, tanto più esse diventavano frequenti, e tanto più si facevano sentire i loro imbarazzi: i brogli si introdussero, si formarono le fazioni, si inasprirono i partiti, le guerre civili si accesero; alla fine il sangue dei cittadini fu sacrificato alla pretesa felicità dello Stato, e si arrivò al momento di ricadere nell'anarchia dei tempi anteriori.

L'ambizione dei signori approfittò di queste circostanze per perpetuare le cariche nelle loro famiglie: il popolo accostumato già alla dipendenza, al riposo, ed alle comodità della vita, e già fuor di stato di spezzare le sue catene, acconsentì di lasciar accrescere la sua servitù per stabilire la sua tranquillità; e così i capi diventati ereditari si abituarono a considerare la loro magistratura come un bene di famiglia, a considerare loro stessi come i proprietari dello Stato di cui non erano all'inizio che ufficiali, a chiamare i loro concittadini loro schiavi, a contarli come un gregge nel numero delle cose che a loro appartengono, ed a chiamar lsè stessi eguali agli dei, e re dei re.

Se proseguiamo nei progressi dell'ineguaglianza in queste differenti rivoluzioni, troveremo che lo stabilirsi della legge e del dritto di proprietà fu il suo primo termine, l'istituzione della magistratura il secondo, che il terzo ed ultimo fu il cambiamento del potere legittimo in potere arbitrario, in modo che lo stato di ricco e di povero fu autorizzato fin dalla prima epoca, quello di potente e di debole dalla seconda, e dalla terza quello di padrone e di schiavo, il quale è l'ultimo grado dell'ineguaglianza, ed il termine al quale tendono alla fine tutti gli altri, fino a che nuove rivoluzioni disciolgano del tutto il governo, o lo avvicinino alla legittima costituzione.

Per comprendere la necessità di questi progressi, conviene considerare meno i motivi dello stabilirsi del corpo politico, piuttosto che la forma ch'egli prende nella sua esecuzione, e gli inconvenienti che con lui trascina: siccome i vizi che rendono necessarie le istituzioni sociali sono le medesime che ne rendono inevitabile l'abuso; e siccome (eccetto la sola Sparta, ove la legge principalmente sorvegliava l'educazione dei fanciulli, e dove Licurgo stabilì dei costumi, i quali lo dispensavano quasi dall'aggiungere delle leggi, le quali in generale meno forti che le passioni, contengono gli uomini senza cambiarli) sarebbe facile provare come ogni governo, il quale senza corrompersi né alterarsi camminasse sempre esattamente secondo lo scopo della sua istituzione, sarebbe stato istituito senza necessità; e che un paese ove alcuno non eludesse le leggi, e non abusasse della magistratura, non avrebbe bisogno né di magistrati, né di leggi.

Le distinzioni politiche conducono necessariamente alle distinzioni civili.

Crescendo l'ineguaglianza fra il popolo ed i suoi capi, si fa ben presto sentire fra i soggetti, e vi si modifica in mille maniere, secondo le passioni, i talenti, le occorrenze.

Il magistrato non potrebbe usurpare un illegittimo potere senza avere dei cittadini, ai quali è obbligato a cederne una qualche parte.

Dall'altro canto, i cittadini non si lasciano opprimere se non in quanto trascinati da una cieca ambizione; e guardando più al di sotto che al di sopra di essi, il dominio diventa loro più caro che l'indipendenza, ed acconsentono di portar le catene per poter essi stessi pure farne portare agli altri.

E' difficilissimo di ridurre all'obbedienza quello che non cerca di comandare, ed il più accorto politico non arriverebbe ad assoggettare degli uomini i quali non volessero se non essere liberi; ma l'ineguaglianza facilmente si estende fra le anime ambiziose e vili, sempre pronte a correre i rischi della fortuna, ed a dominare, o a servire quasi indifferentemente, a seconda che gli diventi favorevole, o contraria.

In questo modo, dovette esserci un momento in cui gli occhi del popolo siano stati affascinati a tal punto, che i suoi affabulatori non avessero che da dire al più piccolo degli uomini, *sii grande tu, e tutta la tua razza,* e subito egli sembrava essere grande di fronte a tutti, così come pure ai suoi propri occhi, ed i suoi discendenti si innalzavano ancora di più a misura che si allontanavano da esso; più era remota ed incerta la causa, più accresceva l'effetto; quanti più sfaccendati si potevano contare in una famiglia, tanto più essa diventava illustre.

Se fosse questo il luogo per entrare nei dettagli, facilmente spiegherei come divenne inevitabile fra i particolari l'ineguaglianza di credito e di autorità, dato che (17) riuniti in una medesima società, sono costretti a paragonarsi fra loro, e a tener conto delle differenze che trovano nel continuo uso che essi hanno da fare gli uni degli altri. Queste differenze sono di diversi tipi; ma in generale la ricchezza, la nobiltà, o il rango, la potenza, o il merito personale, essendo le principali distinzioni con le quali si misurano gli uomini nella società, proverei che l'accordo, o il conflitto di queste diverse forze è l'indicazione la più sicura di uno Stato bene, o mal costituito; farei vedere che fra questi quattro tipi d'ineguaglianza, le qualità personali essendo l'origine di tutte le altre, la ricchezza è l'ultima alla quale in fine si riducono, perché essendo la più immediatamente utile al benessere, e la più facile a comunicarsi, se ne usa più facilmente per comperare tutto il resto: osservazione che può far giudicare esattamente della misura con cui ciascun popolo si è allontanato dalla sua primitiva istituzione, e del cammino ch'egli ha fatto verso l'estremo termine della corruzione.

Rimarcherei quanto questo desiderio universale di reputazione, di onore, e di preferenze, da cui tutti siamo divorati, esercita e paragona i talenti e le forze; quanto egli ecciti e moltiplichi le passioni, e rendendo tutti gli uomini concorrenti, rivali, o piuttosto nemici, quanto egli cagioni ogni giorno sventure, successi, e catastrofe d'ogni specie nel far correre il medesimo rischio a tanti pretendenti. Mostrerei che questo ardore di far parlar di noi, questo furore di distinguerci, è quello che ci tiene continuamente fuori di noi, e che noi gli dobbiamo ciò che abbiamo di migliore e di peggio fra gli uomini, le nostre virtù e i nostri vizi, le nostre scienze e i nostri errori, i nostri conquistatori e i nostri filosofi; cioè a dire, una moltitudine di cattive cose su un piccolo numero di buone.

Proverei infine, che se si vede un pugno di potenti e di ricchi al colmo delle grandezze e della fortuna, nel mentre che la folla striscia nella oscurità e nella miseria, ciò è perché i primi non stimano le cose di cui godono se non in quanto gli altri ne sono privi; e che, senza cambiare stato, essi cesserebbero di esser felici, se il popolo cessasse d'esser miserabile.

Ma queste particolarità sarebbero esse sole materia di un'opera considerevole, in cui si peserebbero i vantaggi e gli inconvenienti di ogni governo, relativamente ai diritti dello stato di natura, ed ove si svelerebbero tutti i differenti aspetti, sotto i quali si è mostrata finora l'ineguaglianza; e potrà mostrarsi nei secoli, secondo la natura di questi governi, e le rivoluzioni alle quali necessariamente condurrà il tempo. Si vedrebbe la moltitudine oppressa dal di dentro da un seguito di precauzioni che ella stessa aveva preso contro ciò che la minacciava dal di fuori: si vedrebbe continuamente accrescere l'oppressione, senza che gli oppressi potessero giammai sapere qual sarebbe il loro termine, né quali mezzi legittimi gli resterebbero per fermarla: si vedrebbero estinguersi a poco a poco i diritti dei cittadini e le libertà nazionali, e trattati da sediziosi tumulti i clamori dei deboli: si vedrebbe la politica ristringere a una porzione mercenaria del popolo l'onore di difendere la causa comune: si vedrebbe da questa scaturire la necessità delle imposizioni, il coltivatore avvilito abbandonare il suo campo anche durante la pace, e lasciar l'aratro per cingere la spada: si vedrebbero nascere le regole funeste e bizzarre del punto di onore: si vedrebbero i difensori della patria diventarne tosto, o tardi i nemici, tener continuamente levato il pugnale sulle teste dei concittadini; e verrebbe un tempo in cui si udirebbe dire all'oppressore del loro paese:

Pectore si fratris gladium juguloque parentis
Condere me jubeas, gravidaque in viscera partu
Conjugis, invita peragam tamen omnia dextra.

Dalla estrema ineguaglianza delle condizioni e delle fortune, dalla diversità delle passioni e dei talenti, dalle arti inutili, dalle arti perniciose, dalle scienze frivole uscirebbero una folla di pregiudizi egualmente contrari alla ragione, alla felicità, ed alla virtù. Si vedrebbe fomentare dai capi tutto ciò che può indebolire gli uomini riuniti, disunendoli; tutto ciò che può dare alla società un'aria di apparente concordia, e gettarvici il germe d'una reale divisione, tutto ciò che può ispirare ai differenti ordini una diffidenza ed un mutuo odio dall'opposizione dei loro diritti e dei loro interessi, e fortificare per conseguenza quel potere dal quale sono tutti repressi.

Dal seno di questo disordine e dalle sue rivoluzioni il dispotismo è quello, il quale innalzando per gradi l'orrida testa, e divorando tutto ciò che gli sarebbe sembrato di buono e di sano in tutte le parti dello Stato, arriverebbe infine a calpestare con i piedi le leggi e il popolo, e a stabilirsi sulle rovine della repubblica.

I tempi che precederebbero quest'ultimo cambiamento, sarebbero tempi di turbolenze e di calamità; ma alla fine tutto sarebbe ingoiato dal mostro; ed i popoli non avrebbero più né capi, né leggi, ma solo dei tiranni. Da questo istante cesserebbe ancora di esserci la questione dei costumi e delle virtù; perché ove regna il dispotismo, *cui ex honesto nulla est spes,* non si soffre altro padrone; e quando parla, non ci si può consultare né sulle proibizioni, né sui doveri; e la più cieca obbedienza è la virtù che resta agli schiavi.

Questo è l'ultimo termine dell'ineguaglianza, ed il punto estremo che chiude il cerchio, e tocca il punto da dove noi siamo partiti.

Qui è dove tutti i particolari ritornano uguali, perché essi sono un nulla, ed i sudditi non avendo più altra legge che la volontà del padrone, né il padrone altra regola che le sue passioni, le nozioni del bene e i principi della giustizia nuovamente svaniscono.

E' qui dove tutto si riconduce alla sola legge del più forte, e per conseguenza ad un novello stato di natura, differente da quello per cui abbiamo noi cominciato, in ciò che l'uno era lo stato di natura nella sua purezza, e che quest'ultimo è il frutto di un eccesso di corruzione.

Dall'altro canto c'è così poca differenza fra questi due stati, ed il contratto di governo è talmente disciolto dal dispotismo, che il despota non è il padrone se non finché è il più forte; e che se subito si può scacciarlo, egli non può reclamare contro la violenza.

La sollevazione, la quale finisce dallo strangolare, o dal detronizzare un sultano, è un atto tanto giuridico, quanto quelli per i quali egli disponeva il giorno prima della vita e dei beni dei suoi sudditi. La sola forza lo manteneva, la sola forza lo rovescia.

Ogni cosa passa così secondo l'ordine naturale; e qualunque possa esser l'avvenimento di queste brevi e frequenti rivoluzioni, non c'è nessuno che si possa lamentare dell'altrui ingiustizia, ma solamente della sua imprudenza, o della sua sventura.

Nello scoprire e seguire così le strade dimenticate e perdute, le quali dallo stato naturale hanno dovuto condurre l'uomo allo stato civile; nel ristabilire, con le posizioni intermedie che io ho marcate, quelle che mancandomi il tempo, mi ha fatto sopprimere, o che l'immaginazione non mi ha suggerite; ogni attento lettore non potrà che restare colpito, dall'immenso spazio che questi due stati divide. In questa lenta successione di cose egli vedrà la soluzione d'una infinità di problemi di morale e di politica, che i filosofi non possono risolvere.

Egli sentirà che il genere umano di una età, non è il genere umano di un'altra età, la ragione per cui Diogene non trovava uomini, è perché fra i suoi contemporanei cercava l'uomo di un tempo che più non era.

Catone, dirà egli, perì con Roma e con la libertà, perché egli fu alieno nel suo secolo; ed il più grande degli uomini non fece che stupire il mondo, che cinquecent'anni prima avrebbe governato.

In una parola, egli spiegherà come l'anima e le passioni umane insensibilmente si alterino e cambino, per così dire, di natura: perché i nostri bisogni e i nostri piaceri cambino lungo andare il loro oggetto; perché l'uomo originale svanendo per gradi, la società non offre più agli occhi del saggio che un'unione di uomini artificiali, e di fattizie passioni, le quali sono l'opera di tutte queste novelle relazioni, e che non hanno alcun vero fondamento nella natura.

Ciò che su questo proposito la riflessione ci insegna, lo conferma perfettamente l'osservazione. L'uomo selvaggio e l'uomo politico differiscono talmente per il fondo del cuore e delle inclinazioni, perché ciò che fa la felicità suprema dell'uno, ridurrebbe l'altro alla disperazione. Non respira il primo che il riposo e la libertà, egli non vuole che vivere e restare ozioso; e la stessa atarassia dello stoico non s'avvicina alla sua profonda indifferenza per ogni altro oggetto.

All'opposto, il cittadino sempre attivo, suda, si agita, si tormenta continuamente per cercare delle occupazioni sempre più faticose: egli lavora fino alla morte, anzi corre per mettersi nello stato di vivere, o rinuncia alla vita per acquistare l'immortalità.

Fa la corte ai grandi che odia, ed ai ricchi che disprezza; nulla risparmia per ottenere l'onore di servirli; si vanta orgogliosamente della sua bassezza e della loro protezione; e fiero della sua schiavitù parla con sdegno di quelli che non hanno l'onore d'esserne parte.

Quale spettacolo per un Caraibo i penosi ed invidiati lavori d'un ministro europeo? Quante morti crudeli non preferirebbe quell'indolente selvaggio all'orrore di una simile vita, la qual sovente non è nemmeno raddolcita dal piacere di ben fare! Ma per vedere il fine di tante cure, bisognerebbe che queste parole *potenza* e *reputazione* avessero un senso nel suo spirito; ch'egli imparasse che v'è una sorta d'uomini, ai quali contano qualche cosa le attenzioni del resto dell'universo; che sanno esser felici e contenti di sé medesimi sulla testimonianza degli altri, piuttosto che sulla loro propria.

Tal è infatti la vera causa di tutte queste differenze: il selvaggio vive in lui medesimo; l'uomo sociale, sempre fuori di sé, non sa vivere che nell'opinione degli altri, ed è, per così dire, dal loro solo giudizio che egli trae il sentimento della sua propria esistenza.

Non tocca al mio soggetto di mostrare come da una tal disposizione nasca tanta indifferenza per il bene e per il male, con tanti bei discorsi di morale; come tutto riducendosi alle apparenze, il tutto diventa fattizio e rappresentato; onore, amicizia, virtù, e sovente fino i vizi stessi, dei quali si trova infine il segreto di gloriarsi; come, in una parola, chiedendo sempre agli altri ciò che noi siamo, e non osando giammai interrogarci su noi stessi, nel mezzo di tanta filosofia, umanità, politica, e sublimi massime, noi non abbiamo che un esterno ingannevole e frivolo, dell'onore senza virtù, della ragione senza saggezza, e del piacere senza felicità. Mi basta di aver provato non esser questo lo stato originale dell'uomo; e che il solo spirito della società, e l'ineguaglianza che ella genera sono quelli i quali cambiano ed alterano così tutte le nostre naturali inclinazioni.

Ho provato ad esporre l'origine e i progressi dell'ineguaglianza, lo stabilirsi e l'abuso delle politiche nella società, per quanto queste cose possono dedursi dalla natura dell'uomo per i soli lumi della ragione, ed indipendentemente dai dogmi sacri i quali danno alla sovrana autorità la sanzione del diritto divino.

Segue dal fin qui esposto, che l'ineguaglianza essendo quasi nulla nello stato di natura, trae la sua forza ed il suo accrescimento dallo sviluppo delle nostre facoltà, e dai progressi dello spirito umano, e diventa infine stabile e legittima per lo stabilirsi della proprietà e delle leggi.

Segue ancora che l'ineguaglianza morale, autorizzata dal solo diritto positivo, è contraria al diritto naturale ogni volta che ella non concorre nella medesima proporzione con l'ineguaglianza fisica: distinzione che determina a sufficienza ciò che si deve pensare a questo riguardo di quella sorta d'ineguaglianza, che regna fra tutti i popoli; poiché è contro la legge di natura, in qualunque modo che ella si definisca, che un fanciullo comandi a un vecchio, che un pazzo conduca un uomo saggio, e che un pugno di persone abbondino di superficialità, frattanto che l'affamata moltitudine manca del necessario.

FINE.

NOTE AL DISCORSO

(1) Il cambiamento che una lunga abitudine di camminare su due piedi ha potuto produrre nella conformazione dell'uomo, i rapporti che si osservano ancora fra le sue braccia e le gambe anteriori dei quadrupedi, e l'induzione tratta dalla loro maniera di camminare, hanno potuto far nascere dei dubbi su quella che doveva essere la più naturale. Tutti i fanciulli cominciano dal camminare a quattro piedi ed hanno bisogno del nostro esempio e delle nostre lezioni per imparare a tenersi dritti. Vi sono pure delle nazioni selvagge, come gli Ottentotti, i quali lasciando molto liberi i fanciulli, li lasciano camminare sulle mani per così lungo tempo, che hanno in seguito molta difficoltà a raddrizzarli; lo stesso fanno i fanciulli dei Caraibi delle Antille. Vi sono molti esempi di uomini quadrupedi, e potrei citar fra gli altri l'esempio di quel fanciullo che fu trovato nel 1344 vicino a Hesse, dove era stato nutrito dai lupi, ed il quale aveva raccontato alla corte del principe Enrico, che se fosse dipeso da lui, avrebbe preferito ritornare fra quelli, piuttosto che vivere fra gli uomini.
Egli aveva talmente presa l'abitudine di camminare come questi animali, che bisognò attaccargli dei pezzi di legno, i quali lo obbligavano a tenersi dritto ed in equilibrio sui suoi stessi piedi. Era lo stesso del fanciullo che si trovò nel *1694* nelle foreste della Lituania, e il quale viveva fra gli orsi. Egli non dava, dice Monsieur de Condillac, alcun indizio di ragione, camminava sui suoi piedi e sulle sue mani, non possedeva alcun linguaggio, e formava dei suoni che in nulla assomigliavano a quelli di un uomo. Il piccolo selvaggio di Hannover, il quale, molti anni or sono, fu condotto alla corte d'Inghilterra, aveva le maggiori difficoltà nell'assoggettarsi a camminare su due piedi; e si trovarono nel *1719* due altri selvaggi nei Pirenei, i quali correvano per le montagne come i quadrupedi.
Quanto a ciò che si potrebbe obiettare, che con ciò sarebbe un privarsi dell'uso delle mani dalle quali deriviamo tanti vantaggi, oltre che l'esempio delle scimmie mostra che la mano può essere bene impiegata in due maniere, ciò proverebbe soltanto che l'uomo può dare ai suoi membri una destinazione più comoda che quella della natura, e non che la natura abbia destinato l'uomo a camminare in una diversa maniera rispetto a quella che essa gli insegna.

Ma mi sembrano esserci tante e migliori ragioni da dire, per sostenere che l'uomo sia un bipede. All'inizio della sua apparizione, poteva essere conformato diversamente da come noi lo vediamo, e nonostante sia diventato poi ciò ch'egli è adesso, ciò non basterebbe per concludere che si stato fatto in questo modo: poiché dopo aver mostrata la possibilità di questi cambiamenti, bisognerebbe ancora, prima di ammetterli, mostrarne almeno le somiglianze. Di più, se le braccia sembrano essergli potute servire da gambe all'occorrenza, questa è la sola osservazione favorevole a questo sistema, a fronte di un gran numero d'altre che gli sono contrarie.

Le principali sono: che la maniera con cui la testa dell'uomo è attaccata al suo corpo, invece di dirigere la sua vista orizzontalmente come l'hanno tutti gli altri animali, e come l ha egli stesso camminando diritto, egli avrebbe tenuto, camminando a quattro piedi, gli occhi direttamente fissi verso la terra, situazione pochissimo favorevole alla conservazione dell'individuo; che la coda che gli manca, e di cui non ne ha bisogno camminando a due piedi, è utile ai quadrupedi, e che nessuno di essi ne è privo; che il seno della femmina benissimo situato per un bipede il quale tiene il suo fanciullo nelle sue braccia, lo è male per un quadrupede, poiché non c'è nessuno che lo abbia collocato di tal maniera; che l'andatura posteriore essendo di una eccessiva altezza a proporzione delle gambe rispetto al davanti, lo fa camminare a quattro zampe e noi ci trasciniamo sulle ginocchia, il tutto avrebbe fatto un animale mal proporzionato, e che si muoveva poco comodamente; che se avesse appoggiato il piede piatto come la mano, egli avrebbe avuto nella gamba posteriore un'articolazione in meno rispetto agli altri animali, cioè quella che unisce il canone alla tibia; e che non appoggiando se non la punta del piede, come sarebbe stato senza dubbio costretto di fare, il tarso, senza parlare della pluralità degli ossi che lo compongono, sembra troppo grosso per far le veci di canone, e le sue articolazioni con il metatarso e la tibia troppo vicine per dare alla gamba umana in tal situazione la medesima flessibilità che hanno quelle dei quadrupedi.

L'esempio de' fanciulli essendo preso in una età in cui le forze naturali non sono ancora sviluppate né le membra assodate, non conclude proprio nulla, e si potrebbe altrettanto dire che i cani non sono destinati a camminare, perché non fanno che trascinarsi alcune settimane dopo la loro nascita.

I fatti particolari hanno ancora poca forza contro la pratica universale di tutti gli uomini, e di quelle nazioni pure, le quali non avendo avuta nessuna comunicazione con le altre, non hanno potuto per nulla imitarle. Un fanciullo abbandonato in un bosco prima che possa camminare, e nutrito da qualche bestia, avrà seguito l'esempio della sua nutrice esercitandosi a camminare come essa; l'abitudine avrà potuto dargli delle facilità che non aveva avuto dalla natura; e come i monchi giungono a forza di esercizio a fare con i loro piedi tutto ciò che noi facciamo con le nostre mani, egli sarà giunto alla fine ad impiegare le sue mani ad uso dei piedi.

(2) Se si trovasse fra i miei lettori qualche cattivo fisico, che mi facesse delle difficoltà sulla supposizione di questa fertilità naturale della terra, sono a rispondergli col seguente passo.
"Siccome i vegetali traggono per il loro nutrimento le maggiori sostanza dall'aria e dall'acqua, poiché non ne traggono dalla terra, ne succede che, putrefacendosi, essi rendono alla terra più di quello ne hanno tratto; d'altronde una foresta determina le acque della pioggia trattenendone i vapori. Quindi in un bosco che si conservasse a lungo senza toccarlo, il letto di terra che serve alla vegetazione crescerebbe considerevolmente; ma gli animali rendendo meno alla terra di quanto essi non ne traggono, e facendo gli uomini un consumo enorme di legna e di piante per il fuoco e per altri usi, ne segue che il letto di terra vegetale di un paese abitato deve sempre diminuire, e diventare alla fine come il terreno dell'Arabia Petrea, e come quello di tante altre provincie dell'Oriente, il quale è infatti il clima il più anticamente abitato, dove non si trova che del sale e della sabbia: poiché il sale fisso delle piante e degli animali resta, frattanto che tutte le altre parti si volatilizzano. Buffon Stor. nat."Si può aggiungere a questo la prova di fatto della quantità di alberi e di piante di ogni specie, di cui erano piene quasi tutte le isole deserte che sono state scoperte in questi ultimi secoli, e da ciò che la storia ci insegna delle immense foreste che convenne tagliare per tutta la terra a misura che essa si è popolata.
A proposito di questo farò ancora le tre seguenti sottolineature.

L'una, che se vi è una specie di vegetali che possano compensare la perdita di materia vegetale che si fa dagli animali, secondo il ragionamento di Monsieur Buffon, questi sono soprattutto gli alberi, le di cui teste e foglie riuniscono e si appropriano maggior quantità di acque e di vapori, rispetto a quanto non facciano le altre piante.

La seconda, che la distruzione del secolo, cioè la perdita della sostanza propria alla vegetazione deve accelerarsi in proporzione che la terra è più coltivata, e che gli abitanti più industriosi consumano in maggior abbondanza le sue produzioni di ogni specie.

La mia terza e più importante sottolineatura è che i frutti degli alberi somministrano all'animale un nutrimento più abbondante di quanto non possano fare gli altri vegetali, esperienza fatta da me stesso paragonando il prodotto di due terreni eguali in grandezza ed in qualità, l'uno coperto di castagni, e l'altro seminato di frumento.

(3) Fra i quadrupedi, le due distinzioni le più universali delle specie voraci si traggono, l'una dalla figura dei denti, e l'altra dalla conformazione degli intestini. Gli animali i quali non vivono che di vegetali, hanno tutti i denti piatti, come il cavallo, il bue, il montone, la lepre; ma i voraci li hanno appuntiti, come il gatto, il cane, il lupo, la volpe. Ed in quanto agli intestini, i vegetariani ne hanno alcuni come il colon, il quale non si trova negli animali voraci. Sembra dunque che l'uomo, avendo i denti e gli intestini come li hanno gli animali vegetariani, dovrebbe essere naturalmente posto in questa classe; e non solo le osservazioni anatomiche confermano questa opinione, ma i monumenti dell'antichità vi sono ancora favorevolissimi. "Dicearco, dice s. Girolamo, racconta nei suoi libri delle antichità greche, che sotto il regno di Saturno, in cui la terra era ancor fertile da se stessa, nessun uomo mangiava carne, ma che tutti vivevano di frutti e di legumi, i quali crescevano naturalmente" (lib. 2 adv. Jovinian.).

Si può vedere da tutto ciò, che io trascuro molti vantaggi che potrei far valere. Comunque essendo la preda quasi l'unico soggetto del combattimento fra gli animali carnivori, e vivendo i vegetariani in una pace continua, se la specie umana fosse di questo ultimo genere, è chiaro ch'essa avrebbe avuta maggior facilità per sussistere nello stato di natura, e assai minori bisogni ed occasioni per uscirne.

(4) Tutte le cognizioni che chiedono delle riflessioni, tutte quelle che non si acquistano che attraverso il concatenamento delle idee, e non si perfezionano che successivamente, sembrano essere del tutto fuori della portata dell'uomo selvaggio; per mancanza di comunicazione coi suoi simili, cioè per mancanza dello strumento che serve a questa comunicazione, e dei bisogni che la rendono necessaria. Il suo sapere e la sua intelligenza si limitano a saltare, correre, battersi, lanciare una pietra, scalare un albero. Ma se non sa che soltanto queste cose, in compenso egli le sa assai meglio di noi, i quali non ne abbiamo lo stesso suo bisogno; e siccome esse dipendono unicamente dall'esercizio del corpo, e non sono suscettibili di una comunicazione, né di alcun progresso di un individuo all'altro, il primo uomo ha potuto essere tanto abile quanto i suoi ultimi discendenti.

Le relazioni dei viaggiatori sono piene di esempi della forza e del vigore degli uomini presso le nazioni barbare e selvagge; esse non vantano meno la loro destrezza e leggerezza; e siccome non hanno bisogno che degli occhi per osservare queste cose, nulla si oppone al fatto di credere a ciò che certificano su tal proposito i testimoni oculari; ne traggo quindi alcuni esempi dai primi libri che mi vengono alle mani.

"Gli Ottentotti, dice Kolben, intendono meglio la pesca degli Europei del Capo. La loro abilità è eguale alla rete, all'amo, ed al dardo, nelle anse come nei fiumi. Essi prendono con la stessa destrezza il pesce con le mani. Sono di una incomparabile destrezza anche nel nuoto. La loro maniera di nuotare ha qualche cosa di sorprendente, ed è loro propria. Nuotano con il corpo diritto e le mani stese, fuori dell'acqua, di maniera che sembrano camminare sopra la terra. Nella maggior agitazione del mare, ed allorché le onde formano tante montagne, essi ballano in qualche maniera sul dorso delle onde, ascendono e discendono come un pezzo di sughero."

"Gli Ottentotti, dice ancora lo stesso autore, sono di una destrezza sorprendente alla caccia, e la leggerezza della loro corsa sorpassa l'immaginazione."

Egli si stupisce che non facciano più spesso cattivo uso della loro agilità, cosa che non succede, se non poche volte, come si può giudicare dall'esempio che egli fornisce.

"Un marinaio olandese sbarcando al Capo incaricò, dice egli, un Ottentotto di seguirlo alla città con un rotolo di tabacco di circa venti libbre. Quando furono entrambi a qualche distanza dalla truppa, l'Ottentotto chiese al marinaro se sapeva correre? Correre! Rispose l'olandese, sì, molto bene. - vediamo, rispose l'africano; e fuggendo col tabacco scomparve in un istante. Il marinaro confuso da codesta meravigliosa velocità, non pensò a seguirlo, e non rivide più né il suo tabacco, né il portatore di esso."

"Essi hanno la vista tanto pronta, e la mano tanto certa, che gli Europei non se ne avvicinano. A cento passi, essi colpiranno con una pietra un segno della grandezza di un mezzo soldo; e ciò che vi è di più sorprendente è, che invece di fissar come noi gli occhi alla meta, essi fanno dei movimenti e delle contorsioni continue. Pare che la loro pietra sia portata da una mano invisibile".

Il padre du Tertre dice sui selvaggi delle Antille all'incirca le stesse cose che ora si sono lette sugli Ottentotti del Capo di Buona Speranza. Egli vanta soprattutto la loro mira nel colpire con le loro frecce gli uccelli al volo, ed i pesci a nuoto, che prendono poi immergendosi. I selvaggi dell'America settentrionale non sono meno celebri per la loro forza e per la loro destrezza: ed ecco un esempio il quale potrà far giudicare di quella degli Indiani dell'America meridionale.

Nell'anno *1746* un indiano di Buenos-Aires essendo stato condannato alle galere a Cadice, propose di riscattare la sua libertà esponendo la sua vita in una pubblica festa. Promise che avrebbe attaccato il toro più furioso senza altra arma in mano che una corda, e che lo avrebbe atterrato, e che lo avrebbe preso con la sua corda da quella parte che gli sarebbe stata indicata, che lo avrebbe sellato, gli avrebbe messo le briglie, lo avrebbe montato, e combattuto e così montato due altri tori dei più furiosi che si sarebbero fatti uscire dal Torillo; e che li avrebbe uccisi tutti uno dopo l'altro nell'istante che gli fosse stato comandato e senza l'aiuto di nessuno; cosa che gli fu concessa. L'Indiano mantenne la sua parola, e riuscì in tutto ciò che aveva promesso; nella maniera con cui aveva raccontato, e soprattutto sul dettaglio del combattimento, si può consultare il primo tomo in I2 delle osservazioni sulla storia naturale di Monsieur Gaùtier, da dove questo fatto è tratto. Pag. 262

(5) La durata della vita dei cavalli, dice Buffon, è, come in tutte le altre specie di animali, proporzionata alla durata del tempo della loro crescita. L'uomo, il quale sta quattordici anni a crescere, può vivere sei, o sette volte tanto tempo, cioè novanta, o cento anni: il cavallo, la cui crescita si fa in quattro anni, può vivere sei, o sette volte tanto, cioè venticinque, o trenta anni. Gli esempi che possono essere contrari a questa regola, sono così rari, che non si debbono guardare neppure come una eccezione, da cui si possano trarre delle conclusioni; e come i cavalli grossolani crescono in minor tempo che i cavalli fini, così essi vivono altresì meno, e sono vecchi dell'età di quindici anni.

(6) Si può vedere fra gli animali carnivori e vegetariani un'altra differenza ancor più generale di quella che ho rimarcata, nella nota (3), poiché questa si estende fino agli uccelli. Questa differenza consiste nel numero dei piccoli, il quale non eccede quello di due in ciascuna nidiata per quelle specie le quali non vivono che di vegetali, e va ordinariamente al di là di questo numero per gli animali voraci. È facile il conoscere a questo riguardo la destinazione della natura dal numero delle mammelle, il quale non è che di due in ciascuna femmina della prima specie, come la cavalla, la vacca, la capra, la cerva, la pecora, ecc., e che è sempre di sei, o di otto nelle altre femmine, come la cagna, la gatta, la lupa, la tigre, ecc. La gallina, l'oca, l'anatra, che sono tutti uccelli voraci, come pure l'aquila, lo sparviero, la civetta fanno pure e covano un gran numero d'uova, mentre non succede mai alla colomba, alla tortora né agli uccelli, i quali non mangiano assolutamente che grano, e non fanno e non covano che due uova per volta. La ragione che si può dare a questa differenza, è, che gli animali i quali non vivono che di erbe e di piante, restando quasi tutto il giorno alla pastura, ed essendo sforzati d'impiegare molto tempo a nutrirsi, non potrebbero bastare per allattare molti piccoli, invece che i voraci facendo il loro pranzo quasi in un istante, possono più facilmente e più sovente ritornare ai loro figliuoli ed alla loro caccia, e riparare la dissipazione di una sì gran quantità di latte.

Vi sarebbero a tutto questo molte osservazioni particolari e riflessioni da farsi; ma non è questo il luogo, e mi basta di aver mostrato in questa parte il sistema il più generale della natura, sistema il quale somministra una nuova ragione per togliere l'uomo dalla classe degli animali carnivori, e per riordinarlo fra le specie vegetariane.

(7) Un celebre autore calcolando i beni ed i mali della vita umana, e paragonando le due somme, ha trovato che l'ultima sorpassava di molto la prima, e che a vedere tutto, la vita era per l'uomo un assai cattivo dono. Io non sono sorpreso della sua conclusione; egli trasse tutti i suoi ragionamenti dalla costituzione dell'uomo civile: s'egli fosse risalito fino all'uomo naturale, si può giudicare che avrebbe trovato dei risultati differentissimi, che avrebbe veduto non aver l'uomo altri mali se non quelli ch'egli sì è dato da sé medesimo, e che sarebbe stata giustificata la natura. Non è già che senza fatica siamo giunti a renderci infelici. Quando da un lato si considerano gli immensi travagli degli uomini, tante scienze approfondite, tante arti inventate, tante forze impiegate, abissi riempiti, montagne rasate, rocche infrante, fiumi resi navigabili, terre dissodate, laghi scavati, paludi diseccate, fabbriche enormi innalzate sopra la terra, coperto il mare di vascelli e di marinari; e che dall'altro lato si ricerchino con un poco di riflessione i veri vantaggi che ne sono risultati da tutto ciò per la felicità della specie umana; non si può che essere colpiti della sorprendente sproporzione che regna fra queste cose, e deplorare l'accecamento dell'uomo, il quale per nutrire il suo folle orgoglio, e non so qual vana ammirazione di sé stesso, lo fa correre con ardore dietro tutte le miserie di cui egli è suscettibile, e che la benefica natura aveva preso cura di allontanare da esso.
Gli uomini sono cattivi; una trista e continua esperienza dispensa dal provarlo; nonostante l'uomo è naturalmente buono, io credo di averlo dimostrato; cos'altro mai dunque può averlo depravato a questo stato se non i cambiamenti sopraggiunti nella sua costituzione, i progressi che ha fatto, e le cognizioni che ha acquistato? Che si ammiri tanto che si vorrà la società umana, non sarà meno vero che essa porta necessariamente gli uomini a reciprocamente odiarsi a proporzione dell'incrociamento dei loro interessi, a rendersi mutualmente dei servigi apparenti, ed a farsi di fatto tutti i mali immaginabili. Che si può pensare di un patto, in cui la ragione di ciascun soggetto gli detta delle massime direttamente contrarie a quelle che la ragione pubblica predica al corpo della società, e dove ciascuno trova il suo

tornaconto nella sventura degli altri? Non vi è forse un uomo ricco, a cui non sia in segreto augurata la morte da parte degli avidi eredi, e spesso dei propri figli; non un vascello in mare, il di cui naufragio non sia una buona notizia per qualche negoziante; non una casa che un debitore non volesse vedere incendiata con tutte le carte in essa contenute; non un popolo il quale non si rallegri dei disastri dei suoi vicini.

In questa maniera noi troviamo il nostro vantaggio nella sfortuna dei nostri simili, e la perdita dell'uno fa quasi sempre la prosperità dell'altro; ma ciò che vi è di più pericoloso ancora, è che le pubbliche calamità fanno l'aspettativa e la speranza di una moltitudine di soggetti.

Gli uni vogliono delle malattie, gli altri la mortalità, questi la guerra, quelli la carestia; ho visto degli uomini orribili piangere di dolore alle apparenze di un'annata fertile; ed il grande e funesto incendio di Londra, il quale costò la vita ed i beni a tanti infelici, fece forse la fortuna a più di diecimila persone.

So che Montaigne biasima l'ateniese Demade di aver fatto punire un operaio, il quale vendendo molto caro i feretri, guadagnava molto alla morte dei cittadini; ma la ragione che ne adduce Montaigne essendo che bisognerebbe punire tutti, è l'evidenza che conferma le mie.

Che si penetri dunque attraverso le nostre frivole dimostrazioni di benevolenza ciò che passa al fondo dei cuori, e si rifletta su ciò che deve essere uno stato di cose in cui tutti gli uomini sono sforzati di accarezzarsi e di distruggersi reciprocamente, e nel quale nascono nemici per dovere, e furbi per interesse. Se mi si risponde che la società è costituita così, che ciascuno guadagna a servire gli altri, io replicherò che ciò andrebbe bene s'egli non guadagnasse ancor più a nuocergli.

Non vi è profitto tanto legittimo, il quale non sia sorpassato da ciò che far si può fare illegittimamente, ed il torto fatto al prossimo è ancor più lucrativo dei servizi resi.

Non si tratta dunque più che di trovare i mezzi per assicurarsi l'impunità, ed in questi appunto i potenti impiegano tutte le loro forze, ed i deboli tutte le loro astuzie.

L'uomo selvaggio quando ha pranzato è in pace con tutta la natura, ed è l'amico di tutti i suoi simili. Si tratta qualche volta di battagliare per il suo pranzo? egli non giunge mai a combattere senza aver prima paragonata la difficoltà di vincere con quella di trovar altrove la sua sussistenza; e siccome l'orgoglio non si mischia mai con il combattimento; egli si limita ad alcuni pugni; il vincitore mangia, il vinto va a cercar fortuna, ed è pacificato il tutto. Ma per l'uomo in società gli affari sono ben diversi; si tratta prima di provvedere al necessario; poi al superfluo, poi vengono le delizie, poi le immense ricchezze, poi i sudditi, e quindi gli schiavi; non vi è un momento di riposo; ciò che vi è di più singolare, è che quanto meno i bisogni sono naturali e premurosi, tanto più le passioni si accrescono, e ciò che è peggio, accresce il potere di soddisfarle; di maniera che dopo lunghe prosperità, dopo aver ingoiati molti tesori e desolati molti uomini, il mio eroe finirà con lo scannare tutti finché egli sia l'unico padrone dell'universo.

E' talmente ristretto il quadro morale, se non della vita umana, almeno delle pretese segrete del cuore di ogni uomo civilizzato.

Paragonate senza pregiudizi lo stato dell'uomo civile con quello dell'uomo selvaggio, e ricercate, se potete, quanto oltre la sua malvagità, i suoi bisogni, e le sue miserie, il primo abbia aperte nuove porte al dolore ed alla morte. Se voi considerate le pene dello spirito che ci consumano, le passioni violente che ci rifiniscono e ci desolano, i lavori eccessivi di cui i poveri sono sovraccaricati, la mollezza ancor più pericolosa alla quale i ricchi si abbandonano, ed i quali fanno morire gli uni dal loro bisogno, e gli altri dai loro eccessi. Se riflettete sulle mostruose mescolanze di alimenti, sui loro perniciosi condimenti, sulle derrate corrotte, sulle droghe falsificate, sulle furberie di quelli che le vendono, sugli errori di quelli che le amministrano, sul veleno dei vasi nei quali si preparano; se fate attenzione alle malattie epidemiche, generate dalla cattiva aria fra una moltitudine di uomini riuniti, alle occasioni di debolezza della nostra maniera di vivere, agli alternativi passaggi all'interno delle nostre case del grande vento, all'uso dei vestiti presi, o lasciati con troppo poca precauzione, e a tutte le cure che la nostra sensualità eccessiva ha trasformato in abitudini necessarie, e la di cui negligenza o privazione ci costa in seguito la vita, o la salute; se voi mettete in conto gli incendi ed i terremoti, i quali consumando o rovesciando città intere fanno morire gli abitanti a migliaia; in una parola, se voi riunite i pericoli che tutte queste cause riuniscono continuamente sopra le nostre teste, voi sentirete quanto la natura ci faccia pagar caro il dispregio che abbiamo fatto delle sue lezioni.

Non ripeterò qui sulla guerra ciò che ne dissi altrove; ma vorrei che le persone istruite volessero, oppure osassero dare una volta al pubblico il dettaglio degli orrori che si commettono nelle armate dagli appaltatori dei viveri e degli ospitali; si vedrebbe che i loro maneggi non troppo segreti, col mezzo dei quali le più brillanti armate si distruggono in un istante, fanno morire più soldati di quelli ne mieta il ferro nemico; è un calcolo non meno sorprendente quello degli uomini che il mare ingoia tutti gli anni col mezzo della fame, dello scorbuto, dei pirati, del fuoco, dei naufragi.

È chiaro ancora che bisogna mettere in conto la proprietà stabilita, e per conseguenza della società, gli assassinamenti, gli avvelenamenti, i furti delle grandi strade, e le stesse punizioni di questi delitti; punizioni necessarie onde prevenire maggiori mali, ma le quali, per l'omicidio di un uomo, costando la vita a due ed anco a più, non lasciano di raddoppiare realmente la perdita della specie umana.

Quanti mezzi vergognosi per impedire la nascita degli uomini, ed ingannare la natura? Sia col mezzo di quei gusti brutali e depravati, i quali insultano l'opera sua più diletta, gusti che né i selvaggi né gli animali conobbero mai, ed i quali non sono nati nei paesi civili che da una immaginazione corrotta; sia col mezzo di quegli aborti segreti, degni frutti della dissolutezza e dell'onore viziato; sia col mezzo della esposizione, o della morte di una moltitudine di fanciulli, vittime della miseria dei loro padri, o della barbara vergogna delle loro madri; sia infine dalla mutilazione di quegli infelici, una parte della cui esistenza e tutta la posterità sono sacrificate a vane canzoni, o ciò che è peggio ancora, alla brutale gelosia di alcuni uomini: mutilazione la quale in questo ultimo caso oltraggia doppiamente la natura, e dal trattamento che ricevono quelli che la soffrono, e dall'uso a cui sono destinati.

Che succederebbe se cominciassi a dimostrare che la specie umana è attaccata nella stessa sua sorgente, e fin nel più santo di tutti i legami, ove noti si ardisce più di ascoltare la natura se non dopo aver consultata la fortuna, e dove il disordine civile confondendo le virtù ed i vizi, fa diventare la continenza una precauzione peccaminosa, ed il rifiuto di dar la vita ad un suo simile, un atto di umanità?

Ma senza lacerare il velo che copre tanti orrori, accontentiamoci di indicare il male al quale altri debbono recare il rimedio.

Che si aggiunga a tutto ciò quella quantità di mestieri malsani, i quali abbreviano i giorni, o distruggono il temperamento; come sono i lavori delle miniere, le varie preparazioni dei metalli, dei minerali, soprattutto del piombo, del rame, del mercurio, del cobalto, dell'arsenico, della sandracca; quegli altri mestieri pericolosi, i quali costano ogni giorno la vita a quantità di operari, gli uni conciatetti, altri carpentieri; altri muratori, altri che lavorano nelle cave; che si riuniscano, dico, tutti codesti oggetti, e si potranno vedere nello stabilirsi e nel perfezionarsi della società le ragioni della diminuzione della specie, osservata da più di un filosofo.

Il lusso, impossibile da prevenirsi appresso uomini avidi dei loro propri comodi, e della considerazione degli altri, compisce ben presto il male che le società hanno cominciato; e sotto pretesto di far vivere i poveri, impoverisce tutto il resto, e spopola presto o tardi lo Stato.

Il lusso è un rimedio assai peggiore del male da cui si pretende di guarire; o piuttosto è il peggiore di tutti i mali, in qualunque stato grande, o piccolo che possa essere, e per nutrire una folla di servi e di miserabili ha fatto opprimere e rovinare l'agricoltore ed il cittadino: come quei venti cocenti del mezzodì, i quali coprono l'erba e la verdura di insetti divoranti, levano la sussistenza agli animali utili, e portano la carestia e la morte in tutti i luoghi dove si fanno sentire.

Dalla società e dal lusso che essa genera nascono le arti liberali e meccaniche, il commercio, le lettere, e tutte quelle inutilità che fanno fiorire l'industria, arricchiscono e perdono gli Stati.

La ragione di questo deperimento è semplicissima. È facile a vedersi che per sua natura l'agricoltura deve essere la meno lucrativa di tutte le arti; dato che il suo prodotto essendo il più indispensabile per tutti gli uomini, il prezzo ne deve essere proporzionato alle facoltà dei più poveri.

Dallo stesso principio si può trarre questa regola, che in generale le arti sono lucrative in ragione inversa della loro utilità, e che le più necessarie devono essere alla fine le più neglette.

Dal che si capisce ciò che bisogna pensare dei veri vantaggi dell'industria; e dell'effetto reale che risulta da suoi progressi.

Tali sono le cause sensibili di tutte le miserie in cui l'opulenza precipita alla fine le nazioni le più ammirate. A misura che l'industria e le arti si estendono e fioriscono, il coltivatore disprezzato, caricato d'imposizioni necessarie al mantenimento del lusso, e condannato a passar la sua vita fra il lavoro e la fame, abbandona i suoi campi; per andar a cercare nelle città il pane che dovrebbe avere. Quanto più le capitali colpiscono di ammirazione gli occhi stupidi del popolo, tanto più bisognerebbe piangere nel veder le campagne abbandonate, le terre incolte, e le grandi strade inondate di sventurati cittadini resi mendicanti o ladri, e destinati a finire un giorno la loro miseria sulla ruota? o sopra un letamaio.

In tal modo arricchendosi lo Stato da un lato, s'indebolisce e lo si spopola dall'altro, e le più potenti monarchie dopo molti travagli per rendersi opulenti e deserte, finiscono per diventare la preda delle nazioni povere, le quali soccombono alla funesta tentazione d'invaderle, e le quali si arricchiscono e si indeboliscono a loro volta, finché siano esse pure invase e distrutte da altre.

Che si degnino di spiegarci una volta ciò che abbiano potuto produrre quelle nuvole di barbari, i quali per il corso di tanti secoli hanno inondata l'Europa, l'Asia, e l'Africa: dipendeva ciò dalla intelligenza delle loro arti, dalla saggezza delle loro leggi, dall'eccellenza della loro polizia a cui dovevano codesta prodigiosa popolazione? Che ci dicano i nostri sapienti perché lungi dal moltiplicare fino a questo punto codesti uomini brutali e feroci, senza lumi, senza freno, senza educazione, non si scannavano essi a vicenda a ciascuno istante per disputarsi la loro pastura, o la loro caccia? Che ci spieghino come codesti miserabili abbiano avuto solamente l'arditezza di riguardare in faccia le tanto abili persone, quali noi eravamo, con una così bella disciplina militare, con tanti bei codici, e con sì sagge leggi? Ci spieghino infine perché, dopo essersi perfezionata la società nei paesi del Nord, e che si sono prese tante cure per insegnare agli uomini i loro mutui doveri, e l'arte di vivere aggradevolmente e pacificamente insieme, non si vedano più quelle moltitudini ch'egli produceva altre volte? Temo che alcuno non mi risponda alla fine, che tutte codeste gran cose, cioè le arti, le scienze, e le leggi sono state saggiamente inventate dagli uomini come una peste salutare onde prevenire l'eccessiva moltiplicazione della specie per timore che questo mondo, il quale ci è destinato, non diventasse alla fine troppo piccolo per i suoi abitanti.

E che dunque! Bisogna distruggere le società, annichilire il tuo ed il mio, e ritornare a vivere nelle foreste cogli orsi? conseguenza, alla maniera dei miei avversari, che tanto mi piace di prevenire, quanto di lasciar loro la vergogna di tirarla.

O voi, a cui la voce celeste non si fece intendere, e che non riconoscete per la vostra specie altra destinazione che di terminare in pace questa corta vita; voi che potete lasciar nel mezzo delle città le vostre funeste acquisizioni, i vostri spiriti inquieti, i vostri cuori corrotti, ed i vostri desideri sfrenati, riprendete, giacché dipende da voi, la vostra antica e prima innocenza; andate nei boschi a perder la vista e la memoria dei delitti dei vostri contemporanei, e non temete di avvilire la vostra specie rinunciando ai lumi per rinunciare ai vizi. In quanto agli uomini simili a me, a cui le passioni hanno distrutto per sempre l'originale semplicità, i quali non possono più nutrirsi d'erba e di ghiande, né far senza leggi e senza capi; quelli che furono onorati nel loro primo padre di lezioni soprannaturali; quelli che vedranno nell'intenzione di dare da principio alle azioni umane una moralità ch'esse non avrebbero per lungo tempo acquistata, la ragione di un precetto indifferente per lui stesso, ed inesplicabile in ogni altro sistema: quelli in una parola, i quali sono convinti che la voce divina chiamò tutto il genere umano agli splendori ed alla felicità delle celesti intelligenze; tutti questi procureranno, con l' esercizio delle virtù che si sono obbligati di praticare, imparando a conoscerle, a meritare il prezzo eterno che debbono aspettare; essi rispetteranno i sacri vincoli delle società di cui sono membri, ameranno i loro simili e li serviranno con tutto il loro potere; obbediranno scrupolosamente alle leggi, ed agli uomini che ne sono gli autori e i ministri; onoreranno soprattutto

i buoni e saggi principi, i quali sapranno prevenire, guarire, o palliare quella folla di abusi e di mali sempre pronti ad opprimerci; essi animeranno lo zelo di questi degni capi, mostrando loro, senza timore e senza adulazione, la grandezza della loro impresa, ed il rigore del loro dovere: ma essi non disprezzeranno perciò meno una costituzione la quale non può mantenersi che con l'aiuto di tante persone rispettabili che desiderano più spesso di quanto ottengono, e dalla quale, malgrado tutte le loro cure, nascono sempre più calamità reali che vantaggi apparenti.

(8) Fra gli uomini che noi conosciamo o da noi stessi, o grazie agli storici, o ai viaggiatori, gli uni sono neri, gli altri bianchi, gli altri rossi; gli uni portano lunghi capelli, gli altri non hanno che della lana arricciata; gli uni sono quasi tutti pelati, gli altri non hanno neppur barba; vi furono, e vi sono forse ancora delle nazioni di uomini di statura gigantesca; e lasciando da parte la favola dei Pigmei, la quale può non essere che una esagerazione, si sa che i Lapponi ed i Groenlandesi sono molto al di sotto della statura media dell'uomo; si pretende pure che vi siano delle popolazioni intere, le quali abbiano la coda come i quadrupedi: e senza prestar cieca fede alle relazioni di Erodoto e di Ctesia, se ne può almeno trarre questa opinione assai verosimile, che se si avesse potuto far delle buone osservazioni in quei tempi antichi, in cui i popoli diversi seguivano delle maniere di vivere più differenti fra esse, ch'essi non fanno al dì d'oggi, si sarebbe altresì rimarcato nella figura e nell' abitudine del corpo delle varietà molto più marcate.

Tutti questi fatti, dai quali è facile addurre delle incontestabili prove, non possono sorprendere se non quelli i quali sono accostumati a non riguardare se non gli oggetti che li circondano, e che ignorano i sorprendenti effetti della diversità dei climi, dell'aria, degli alimenti, della maniera di vivere, delle abitudini in generale, e soprattutto la forza stupenda delle stesse cause, quand'esse agiscono continuamente su un lungo susseguirsi di generazioni.

Oggi che il commercio, i viaggi, e le conquiste riuniscono di più i popoli diversi, e che le loro maniere di vivere si avvicinano continuamente per la frequente comunicazione, si scorge essersi diminuite alcune differenze nazionali, e, per esempio, ciascuno può rimarcare che i Francesi del giorno d'oggi non sono più quei gran corpi bianchi e biondi descritti dagli storici latini, benché il tempo unito alla mescolanza dei Franchi e dei Normanni, bianchi e biondi essi medesimi, avesse dovuto ristabilire ciò che la frequenza dei Romani avesse potuto togliere all'influenza del clima nella costituzione naturale e nella tinta degli abitanti.

Tutte queste osservazioni sulle varietà che mille cause possono produrre ed hanno prodotto in effetto nella specie umana, mi fanno dubitare se diversi animali simili agli uomini, presi dai viaggiatori per bestie senza molto esame, o per motivo di alcune differenze che rimarcavano nella conformazione esterna, o soltanto perché questi animali non parlavano, non sarebbero in effetti dei veri uomini selvaggi, la di cui razza dispersa anticamente nei boschi, non aveva avuto occasione di sviluppare nessuna delle sue facoltà virtuali, non aveva acquistato nessun grado di perfezione, e si trovava ancora nello stato primitivo della natura.

Diamo un esempio di ciò che voglio dire.

"Si trova, dice il traduttore della storia dei viaggi, nel regno di Congo una quantità di quei grandi animali che si chiamano *Orang-Outang* alle Indie orientali, i quali sembrano stare in mezzo fra la specie umana ed i babbuini.

Battel racconta che nelle foreste di Mayomba nel regno di Loango, si vedono due gran mostri, dei quali i più grandi si chiamano *Pongos,* e gli altri *Enjokos*. I primi hanno una esatta somiglianza con l'uomo, ma essi sono molto più grossi e più alti. Con una faccia umana, essi hanno gli occhi molto incavati. Le loro mani, le loro guance, le loro orecchie sono senza pelo, eccettuate le sopracciglia, le quali le hanno lunghissime.

Quantunque abbiano il restante del corpo assai peluto, il pelo non ne è molto denso, ed il colore è bruno. Infine la sola parte che li distingue dagli uomini è la gamba ch'essi hanno senza polpa. Camminano dritti tenendosi con la mano il pelo del collo; la loro dimora è fra boschi; essi dormono sugli alberi, e vi si fanno una specie di tetto che li mette al riparo della pioggia. I loro alimenti sono frutti, o noci selvatiche.

Non mangiano mai carne. L'uso dei Negri, i quali traversano le foreste, è di accendervi dei fuochi per tutta la notte.

Essi rimarcano che la mattina, alla loro partenza, i Pongos prendono posto attorno del fuoco, e non si ritirano che dopo che si è spento; poiché con molta destrezza essi non hanno abbastanza senso per conservarlo recandovi delle legna."

"Essi camminano alcune volte in truppe, ed uccidono i Negri i quali traversano le foreste. Essi piombano pure sopra gli elefanti, i quali vengono a pascolare nei luoghi ove essi abitano, e gli incomodano tanto a colpi di pugni e di bastoni, che li sforzano a prender la fuga spingendo de' gran gridi.

Non si prendono giammai Pongos vivi, perché essi sono tanto robusti, che dieci uomini non basterebbero a fermarli: ma i Negri ne prendono una quantità di giovani dopo aver uccisa la madre, al di cui corpo il piccolo si attacca fortemente. Allorché muore uno di codesti animali, gli altri coprono il di lui corpo con un ammasso di rami di foglie.

Purchass aggiunge che nelle conversazioni che aveva avute con Battel, aveva inteso da lui medesimo che un Pongo gli aveva tolto un piccolo Negro, il quale passò un intero mese nella società di questi animali; dunque essi non fanno alcun male agli uomini ch'essi sorprendono, almeno allorché questi non li riguardino, come il piccolo Negro aveva osservato.

Battelnon ha descritto la seconda specie di mostri.

"Dapper conferma che il regno di Congo è pieno di questi animali, i quali portano alle Indie il nome di *Orang-Outang,* cioè abitatori dei boschi, e che gli Africani chiamano *Quojas-Morros.* Codesta bestia, dice egli, è tanto simile all'uomo, che venne in pensiero ad alcuni viaggiatori ch'essa avesse potuto essere uscita da una femmina e da una scimmia: chimera che gli stessi Negri rigettano.

Uno di questi animali fu trasportato da Congo in Olanda, e donato al principe d'Orange Federico Enrico. Egli era della altezza di un fanciullo di tre anni e di mediocre grassezza, ma quadro e ben proporzionato, molto agile e molto vivo; le gambe carnose e robuste, tutto il dinanzi del corpo nudo, ma il di dietro coperto di peli neri. A prima vista, la di lui faccia rassomigliava a quella di un uomo, ma aveva il naso schiacciato e ritorto; le sue orecchie erano altresì quelle della specie umana; il suo seno, poiché era una femmina, era paffuto, il suo ombelico affossato, le sue spalle molto bene unite, le sue mani divise in dita ed in pollici, le polpe delle sue gambe, ed i suoi talloni grossi e carnosi. Egli stava sovente dritto sulle sue gambe, era capace di levare e portare delle some assai pesanti. Quando voleva bere, prendeva con una mano il disopra del vaso, e coll'altra teneva il fondo.

Dopo si asciugava con grazia le labbra. Si coricava per dormire con la testa, sopra un guanciale, coprendosi con tanta destrezza, che lo si sarebbe preso per un uomo a letto. I Negri fanno degli strani racconti di codesto animale. Assicurano non solo che egli sforzi le donne e le fanciulle, ma che ardisca di attaccare degli uomini armati; in una parola, c'è molta possibilità che questo sia il satiro degli antichi.

Merolla non parla forse che di questi animali, quando racconta che i Negri prendono alcune volte nelle loro caccie degli uomini e delle femmine selvagge."

Egli ha parlato ancora di queste specie di animali antropomorfi nel terzo tomo della stessa storia dei viaggi sotto il nome di *Beggos Mandrills*; ma per attenerci alle precedenti relazioni, si trovano nella descrizione di questi pretesi mostri delle sorprendenti conformità con la specie umana, e delle differenze minori di quelle che si potrebbero assegnare da uomo a uomo.

Non si vedono in questi passaggi le ragioni sulle quali gli autori si fondano per ricusare agli animali, dei quali ora si tratta, il nome di uomini selvaggi; ma è facile fare congetture sul fatto che possa essere a causa della loro stupidità ed altresì perché non parlano: deboli ragioni per quelli che sanno che quantunque l'organo della parola sia naturale all'uomo, non gli è pertanto naturale la parola stessa, e che conoscono fino a qual segno la sua perfezione possa avere innalzato l'uomo civile al disopra del suo stato originale. Il piccolo numero di linee che contengano queste descrizioni, ci possono far giudicare quanto siano stati mal osservati questi animali, e con qual pregiudizio siano stati guardati.

Per esempio, essi sono qualificati per mostri, e nonostante questo bisogna che si generino.

In un luogo *Battel* dice, che i Pongos ammazzano i Negri che attraversano le foreste; in un altro *Purchass* aggiunge che essi non gli fanno alcun male, neppur quando li sorprendono, nemmeno quando i Negri non si fermino a guardarli. I *Pongos* si raccolgono attorno i fuochi accesi dai

Negri, quando questi si ritirano; e si ritirano anch'essi quando il fuoco è estinto; ecco il fatto, ecco il commento dell'osservatore; *poiché avendo essi molta destrezza, non hanno però abbastanza ingegno per conservarlo apportandovi della legna.*

Vorrei indovinare come Battel, o Purchass suo compilatore ha potuto sapere che la ritirata dei Pongos fosse un effetto della loro stupidezza piuttosto che della loro volontà. In un clima tale che quello di Loango, il fuoco non è una cosa molto necessaria agli animali, e se i Negri ne accendono, ciò non è per il freddo, ma per spaventare le bestie feroci; è dunque semplicissimo che dopo 'essere stati qualche tempo rallegrati dalla fiamma, o essersi molto bene riscaldati, i Pongos si annoino di trattenersi sempre nello stesso posto, e se ne vadano alla loro pastura, la quale richiede maggior tempo che se mangiassero della carne. D'altronde si sa, che la maggior parte degli animali, senza eccettuarne l'uomo, sono naturalmente infingardi, e che non si prestano ad ogni sorta di cure, le quali non sono di assoluta necessità. Infine sembra molto strano che i Pongos, dei quali si vanta la destrezza e la forza, i Pongos i quali sanno sotterrare i loro morti, e farsi dei tetti di fogliami, non sappiano spingere dei tizzoni nel fuoco. Mi sovviene di aver veduto una scimmia far questo stesso lavoro, il quale non si ammette che lo sappiano fare i Pongos; è vero che le mie idee non essendo allora rivolte da quel lato, feci io stesso l'errore che rimprovero ai nostri viaggiatori, e trascurai di esaminare se l'intenzione della scimmia era infatti di conservare il fuoco, o semplicemente, come credo, d'imitare l'azione di un uomo. Comunque sia, è stato molto bene dimostrato non essere la scimmia una varietà, non solo per essere priva della facoltà di parlare, ma soprattutto perché siamo certi che la di lei specie non ha quella di perfezionarsi, che è il carattere specifico della specie umana. Esperienze che non sembrano essere state fatte sui Pongos e gli Orang-Outang con abbastanza cura per poterne trarre la stessa conclusione.

Vi sarebbe un modo con cui gli osservatori più grossolani potrebbero assicurarsi con dimostrazione se l'Orang-Outang, o altri siano della specie umana; ma oltre al fatto che una sola generazione non basterebbe per una tale esperienza, essa deve passare per impraticabile, dunque bisognerebbe che non fosse solo una supposizione ma fosse dimostrata come vera, prima che la prova la quale dovrebbe contestare il fatto potesse essere tentata innocentemente.

I giudizi affrettati, i quali non sono il frutto di una ragione illuminata, sono soggetti a dar negli eccessi.

I nostri viaggiatori ammettono senza cerimonie delle bestie sotto il nome di *Pongos*, di *Mandrills*, di *Orang-Outang*, degli stessi esseri di cui sotto il nome di *Satiri,* di *Fauni,* di *Silvani*, gli antichi facevano delle divinità. Forse che dopo ricerche più esatte capirebbe che siano questi degli uomini. Intanto con altrettanta ragione ci affidiamo a ciò che *Merolla*, religioso letterato, testimone oculare, ed il quale con tutta la sua schiettezza non era privo di spirito, al mercante Battel, a Dapper, a Purchass, ed agli altri compilatori.

Quale giudizio simili osservatori avrebbero dato sul fanciullo trovato nel *1694*, di cui ne ho accennato qui, il quale non dava alcun segno di ragione, camminava sui suoi piedi e sulle sue mani, non aveva alcun linguaggio, e formava dei suoni, i quali per nulla rassomigliavano a quelli di un uomo?

Passò molto tempo, continua lo stesso filosofo, il quale mi mostra questo fatto, prima di poter profferire alcune parole, e queste comunque le profferiva in un modo barbaro.

Appena poté egli parlare, fu interrogato circa il suo primo stato, ma nulla si ricordò, come noi non ci ricordiamo di quanto ci è accaduto nella culla. Se sventuratamente per esso, questo fanciullo fosse caduto fra le mani dei nostri viaggiatori, non si può dubitare, che dopo aver essi sottolineato il suo silenzio e la sua stupidità, non avessero deciso di rimandarlo nel bosco, o di rinchiuderlo in un serraglio; dopo di che essi ne avrebbero dottamente parlato nelle belle relazioni, come di una bestia assai curiosa, la quale molto assomigliava all'uomo.

Dopo tre, o quattrocento anni da quando gli abitanti dell'Europa inondano le altre parti del mondo, e pubblicano continuamente nuove raccolte, e nuove relazioni, io sono che non si conosca che noi altri uomini Europei; ed ancor sembra, dai pregiudizi ridicoli, che nemmeno i letterati, i quali non facciano sotto il nome pomposo di studio dell'uomo, se non quello degli uomini del loro paese.

I soggetti hanno un bel andare e venire, ma sembra non viaggiare che la filosofia; quindi quella di un popolo è poco consona per un altro.

Il motivo di ciò è manifesto, almeno per le contrade lontane: non vi sono che quattro tipologie di uomini i quali facciano viaggi di lungo corso, i nautici, i mercanti, i soldati, ed i missionari: ora non si può lusingarsi che le tre prime classi somministrino buoni osservatori; ed in quanto alla quarta, occupati della sublime vocazione che li chiama, quand'anche non fossero soggetti a dei pregiudizi circa il loro stato, come tutti gli altri, si deve credere che non si abbandonerebbero volentieri a delle ricerche, le quali sembrano di pura curiosità, e le quali li distoglierebbero da lavori più importanti, ai quali sono destinati. D'altronde, per predicare utilmente il Vangelo non ci vuole che dello zelo, e

Dio dà il resto; ma per studiare gli uomini servono dei talenti che Dio non si impegna di dare a chicchessia, il qual talento non appartiene a dei santi. Non si apre un libro di viaggi, ove non si trovino delle descrizioni di caratteri, e di costumi; ma si resta sorpresi nel vedere che queste persone le quali hanno descritte tante cose, non hanno detto se non ciò che già ognuno sapeva, non hanno saputo scorgere all'altra estremità del mondo, se non quel tanto che avrebbero potuto rimarcare senza uscire dalla loro contrada; e che quei tratti veri, i quali distinguono le nazioni, e che colpiscono gli occhi fatti per vedere, sono sempre sfuggiti ai loro.

Da ciò è venuto quel bel proverbio, tanto ribattuto dalla turba filosofesca, essere gli uomini dappertutto gli stessi, i quali avendo dappertutto le stesse passioni e i medesimi vizi, è inutile caratterizzarne i differenti popoli; ciò che è abbastanza ben ragionato, come se si dicesse che non si può distinguere Pietro da Giovanni, perché hanno ambedue un naso, una bocca, e degli occhi.

Non si vedrà mai rinascere quei felici tempi, nei quali i popoli non s'impegnavano di filosofare, ma nei quali i Platoni, i Taleti, i Pitagora accesi di un ardente desiderio di sapere intraprendevano i più gran viaggi, unicamente per istruirsi, e andavano a scuotere il giogo dei pregiudizi nazionali, imparando a conoscer gli uomini dalle loro conformità, e dalle loro differenze, e acquistando quelle cognizioni universali, le quali non sono quelle di un secolo o di un paese esclusivamente, ma che essendo di tutti i tempi e di tutti i luoghi, sono, per così dire, la scienza comune dei saggi?

Si ammira la magnificenza di alcuni curiosi, i quali a grandi spese fecero fare, o hanno fatto dei viaggi in oriente con dei dotti, e dei pittori, per disegnarvi delle rovine, e decifrare, o copiare delle iscrizioni; ma duro fatica a concepire come in un secolo in cui ci si vanta di belle cognizioni, non si trovino due uomini bene uniti, ricchi, l'uno di denari, l'altro di genio, amando ambedue la gloria, ed aspirando all'immortalità, uno dei quali sacrificasse ventimila scudi delle sue facoltà, e l'altro dieci anni della sua vita ad un celebre viaggio attorno il mondo, al fine di studiarvi, non sempre delle pietre, e delle piante, ma una volta gli uomini e i costumi; e che dopo tant'anni impiegati a misurare e considerare la casa, gli sovvenga alfine di volerne conoscer gli abitanti.

Gli accademici che hanno scorso le parti settentrionali dell'Europa, e meridionali dell'America, avevano per scopo di visitarle più da geometri, che da filosofi.

Nonostante fossero del pari l'uno e l'altro, non si può guardare come se fossero ignote le regioni che furono vedute e descritte dalli Condamine, e dai Maupertuis.

Il gioielliere Chardin, che ha viaggiato come Platone, non lasciò nulla da dire sulla Persia: la Cina sembra essere stata ben osservata dai gesuiti. Kempfer dà una passabile idea del poco che ha veduto nel Giappone. Eccettuate codeste relazioni, noi non conosciamo i popoli delle Indie orientali, frequentate unicamente dagli Europei più curiosi di riempire le loro borse che le loro teste. L'intera Africa e i suoi numerosi abitanti singolari, così per il loro carattere come per il loro colore, sono ancora da esaminarsi; la terra tutta è coperta di nazioni di cui non ne conosciamo che i nomi, e noi ci impegniamo di giudicare il genere umano! Supponiamo un Montesquieu, un Buffon, un Diderot, un Duclos, un d'Alembert, un Condillac, o altri uomini di simile tempra viaggiare per istruire i loro compatrioti, osservando, e descrivendo, come sanno essi fare, la Turchia, l'Egitto, la Barbaria, l'impero di Marocco, la Guinea, il paese dei Cafri, l'interno dell'Africa, e le sue coste orientali, i Malabari, il Mogol, le rive del Gange, la Tartaria, e soprattutto il Giappone; poi nell'altro emisfero il Messico, il Perù, il Cile, le terre Magellaniche, senza scordarsi i Patagoni, veri, o falsi, il Tucuman, il Paraguay, se fosse possibile, il Brasile, infine i Caraibi, la Florida e tutte le contrade selvagge, viaggio il più importante di tutti, e quello che bisognerebbe fare con maggior cura: supponiamo che codesti nuovi Ercoli, dal ritorno di queste corse, scrivessero in seguito con comodo la storia naturale, morale, e politica di ciò che avessero osservato, e noi vedessimo emergere un mondo nuovo dalla loro penna, ed imparassimo quindi a conoscere il nostro: io dico, che quando simili osservatori affermassero di un tal animale essere un uomo, e di un altro essere una bestia, bisognerebbe crederlo; ma sarebbe troppo semplice farlo grazie ai grossolani viaggiatori, sui quali si potrebbe fare la stessa domanda, affinché essi si impegnino di risolverla sugli animali.

(9) Ciò mi appare dall'ultima evidenza, e non potrei concepire da dove i nostri filosofi possano far nascere tutte le passioni che essi prestano all'uomo naturale. Eccetto il solo necessario fisico che la natura stessa richiede, tutti gli altri nostri bisogni non sono tali che per abitudine, prima della quale essi non erano bisogni, o dai nostri desideri, e non si desidera ciò che non si è messi nello stato di conoscere. Dal che ne segue, che l'uomo selvaggio non desiderando che le cose che gli conosce, e non conoscendo che quelle il di cui possesso è in suo potere, o facile da acquistare, nulla deve essere tanto tranquillo quanto la sua anima, e nulla di così ristretto quanto il suo spirito.

(10) Trovo nel governo civile di Locke una obiezione, la quale mi sembra troppo particolare, onde mi sia permesso di dissimularla.
"Lo scopo della società fra il maschio e la femmina, dice questo filosofo, non essendo semplicemente quello di procreare, ma di continuare la specie, questa società deve durare anche dopo la procreazione, almeno tanto lungo tempo quanto è necessario per il nutrimento e la conservazione dei procreati; cioè finché non siano capaci di provvedere loro stessi ai propri bisogni. Questa regola, che la sapienza infinita del Creatore ha stabilita sulle opere delle sue mani, noi vediamo che le creature inferiori all'uomo l'osservano costantemente e con precisione. In quelli che vivono d'erba, la società fra il maschio e la femmina non dura nulla più che ciascun atto di copulazione, perché le mammelle della madre essendo sufficienti per nutrire i piccoli finché sono capaci di pascolare l'erba, il maschio si contenta di generare, e dopo ciò non si cura più della femmina né dei suoi piccoli, alla di cui sussistenza egli non può contribuire. Ma in rapporto alle bestie da rapina, la società dura più a lungo, a causa del fatto che la madre non potendo ben provvedere ai piccoli, e procurare allo stesso tempo la propria sussistenza con la sua sola preda, affronta un percorso più faticoso e pericoloso rispetto a quella di pascolar l'erba, e l'assistenza del maschio è necessaria per il mantenimento della loro comune famiglia, se si può usar questo termine, la quale affinché che lei possa andare a cercar qualche preda non potrebbe sussistere che per le cure del maschio e della femmina. Si rimarca la cosa stessa in tutti gli uccelli, ad eccezione di alcuni domestici, i quali si trovano in luoghi, ove la continua

abbondanza di nutrimento esime il maschio dalla cura di nutrire i
piccoli; si vede che fintanto che i piccoli nel loro nido hanno bisogno
di cibo, il maschio e la femmina ve ne portano fino a che questi
piccoli possano volare, e provvedere alla loro sussistenza." Ed in
questo, a mio parere, consiste la principale, se non la sola ragione,
perché il maschio e la femmina, nel genere umano sono obbligati ad
una società più lunga di alcuna altra creatura. La ragione è che la
femmina è capace di concepire, ed è per sistematicamente di nuovo
incinta, e fa un altro fanciullo, molto tempo prima che il precedente
sia fuori dal bisogno di aiuto da parte dei suoi parenti, e possa egli
stesso provvedere al suo necessario. Quindi un padre essendo
obbligato a prender cura di quelli che ha egli generati, e di prenderla
per molto tempo, è altresì nell'obbligo di continuar a vivere nella
società coniugale con la stessa femmina da cui li ha avuti, e di
restarvi per maggior tempo delle altre creature, i cui piccoli potendo
sussistere da per loro prima del tempo di una nuova procreazione, il
legame del maschio e della femmina si rompe da per sé, ed ambedue
si trovano in piena libertà, finché la stagione che invita gli animali ad
unirsi assieme, li obbliga a scegliersi delle nuove compagne.
E qui non si potrebbe abbastanza ammirare la sapienza del Creatore,
il quale avendo date all'uomo delle qualità proprie per provvedere
tanto al presente che all'avvenire, ha voluto ed ha fatto in modo che
la società dell'uomo durasse assai più a lungo di quella del maschio e
della femmina fra le altre creature, affinché in tal modo fosse
maggiormente sollecitata l'intelligenza dell'uomo e della femmina, e
che i loro interessi fossero più uniti allo scopo di fare delle
provvigioni per i loro fanciulli, e di lasciar loro del bene: nulla
potendo essere più pernicioso ai fanciulli che una congiunzione
incerta e vaga, o una dissoluzione facile e frequente della società
coniugale."
Lo stesso amore della verità che mi fece sinceramente esporre questa
obiezione, mi sollecita ad accompagnarla di alcune sottolineature, se
non per risolverla, almeno per renderla più chiara.
La prima. Osserverò subito che le prove morali non hanno gran forza
in materia di fisica, e che esse servono piuttosto a rendere ragione
dei fatti esistenti, che a provare l'esistenza reale di questi fatti. Ora di
questo genere è la prova che Locke impiega nel passaggio che ho
trascritto; dato che quantunque possa essere cosa vantaggiosa alla

specie umana che la unione dell'uomo e della femmina sia permanente, non ne segue per questo che ciò sia stato stabilito dalla natura; altrimenti converrebbe dire che ella ha altresì instituita la società civile, le arti, il commercio, e tutto ciò che si pretende esser utile agli uomini.

La seconda. Non so dove Locke abbia trovato che fra gli animali di rapina la società del maschio e della femmina duri più a lungo che fra quelli che vivono d'erba, e che l'uno aiuti l'altro a nutrire i piccoli; giacché non si vede, che il cane, il gatto, l'orso, né il lupo riconoscano la loro femmina meglio del cavallo, del montone, del toro, del cervo, né di tutti gli altri animali quadrupedi. Sembra all'opposto, che se l'aiuto del maschio fosse necessario alla femmina per conservare i suoi piccoli, ciò dovrebbe essere soprattutto nelle specie le quali non vivono che di erbe; dato che serve maggior tempo alla madre per pascolare, e che in tutto questo intervallo fa grandi sforzi, mentre la preda di un'orsa, o di una lupa è divorata in un istante, e che ella ha, senza soffrir la fame, maggior tempo per allattare i suoi piccoli.

Questo ragionamento è confermato da una osservazione circa il numero relativo delle mammelle e dei piccoli, la quale distingue le specie carnivore dalle frugivore. Se questa osservazione è giusta e generale, la femmina non avendo che due mammelle, e non facendo di regola che un fanciullo per volta, ecco una gran ragione di più per dubitare se la specie umana sia naturalmente carnivora; di maniera che sembra, che per trarre la conclusione di Locke, bisognerebbe ritorcere interamente il suo ragionamento. Neppure vi è maggior solidità nella stessa distinzione applicata agli uccelli; dato che chi potrà persuadersi che l'unione del maschio e della femmina sia più durevole fra gli sparvieri ed i corvi che fra le tortore. Noi abbiamo due specie di uccelli domestici, l'anatra ed il colombo, i quali ci somministrano degli esempi direttamente contrari al sistema di questo autore. Il colombo, che non vive se non di grano, resta attaccato alla sua femmina, e nutre in comune i piccoli.

L'anatro, la di cui voracità è conosciuta, non riconosce né la sua femmina né i suoi piccoli, e non si presta in alcun modo alla loro sussistenza; e fra i polli, specie che non è quasi mai carnivora, non si vede che il gallo si prenda alcuna preoccupazione della covata.

Che se in altre specie il maschio divide con la femmina la cura di nutrire i piccoli, significa che gli uccelli, i quali non possono subito volare, e che la madre non può allattare, sono in assai peggiore stato dei quadrupedi, ai quali basta la mammella della madre, almeno per qualche tempo.

La terza. Vi è della grande incertezza, sopra il fatto principale, che serve di base a tutto il ragionamento di Locke: dato che per sapere se, come egli lo pretende, nel puro stato di natura la femmina sia di nuovo incinta, e faccia un nuovo fanciullo molto tempo prima che il precedente possa provvedere egli stesso ai suoi bisogni, necessiterebbero delle esperienze, che sicuramente Locke non aveva fatto, e che nessuno è a portata di fare. La coabitazione continua del marito e della

femmina è una occasione cotanto prossima di esporsi a una nuova gravidanza, che è difficile credere che l'incontro fortuito o la sola impulsione del temperamento produca effetti tanto frequenti nel puro stato di natura come in quello della società coniugale; lentezza, la quale forse contribuirebbe a rendere i fanciulli più robusti, e che d'altronde potrebbe essere compensata dalla facoltà di concepire, prolungata ad una età più avanzata nelle femmine che avessero meno abusato nella loro gioventù. E riguardo ai fanciulli, vi sono delle ragioni per credere che le loro forze e i loro organi si sviluppino più tardi fra noi, che non facevano nello stato primitivo di cui parlo. La debolezza originale che traggono dalla costituzione dei parenti, le cure che si prende per svilupparli e costringere tutte le loro membra, la mollezza in cui sono allevati, forse anche l'uso di un altro latte che non è quello della loro madre, tutto contraria e ritarda in essi i primi progressi della natura. L'applicazione che si obbligano di dare a mille cose su le quali si fissa continuamente la loro attenzione, mentre non si dà alcun esercizio alle loro forze corporali, può fare ancora una considerevole deviazione alla loro crescita; di maniera che, se invece di sovraccaricare e affaticare da principio il loro spirito in mille maniere, si lasciasse esercitare il loro corpo ai moti continui che la natura sembra chieder loro, è da credere che sarebbero molto più presto nello stato di camminare, di agire, e di provvedere essi stessi ai loro bisogni.

La quarta. Infine Locke prova, tutto al più, che vi potrebbe essere nell'uomo un motivo per restare attaccato alla femmina dato che ella ha un fanciullo; ma egli non prova nulla del fatto che abbia dovuto restare attaccato a lei prima del parto, e nei nove mesi della gravidanza. Se una tal femmina è indifferente all'uomo nel corso di questi nove mesi, se inoltre gli diviene sconosciuta, perché la soccorrerà dopo il parto? Perché l'aiuterà ad allevare un fanciullo, che neppur sospetta possa appartenergli, e di cui non risolse né previse la nascita? Locke evidentemente suppone quello che è in questione: poiché non si tratta già di sapere il perché l'uomo resterà attaccato alla femmina dopo il parto, ma perché si attaccherà ad essa dopo la concezione. Soddisfatto l'appetito, l'uomo non ha più bisogno di una tal femmina, né la femmina di un tal uomo. Quegli non ha la minima cura, né forse la minima idea delle conseguenze della sua azione. L'uno se ne va da un lato, l'altro da un altro, né vi è apparenza, che al termine di nove mesi essi abbiano la memoria di essersi conosciuti: dato che questa specie di memoria per la quale un individuo dà la preferenza ad un individuo per l'atto della generazione, esige maggiori progressi o corruzione nell'intendimento umano, che non se gliene può supporre nello stato di animalità, di cui qui si tratta. Un'altra femmina può dunque accontentare i nuovi desideri dell'uomo tanto comodamente quanto quella che ha egli conosciuto, ed un altro uomo accontentare allo stesso modo la femmina, supposto che essa sia pressata dallo stesso appetito nel corso dello stato di gravidanza; del che si può ragionevolmente dubitare. Che se nello stato di natura la femmina non risente più la passione dell'amore dopo il concepimento del fanciullo, l'ostacolo alla società con l'uomo ne diviene ancor maggiore, poiché allora essa non ha più bisogno né dell'uomo che l'ha fecondata, né di nessun altro. Non vi è dunque nell'uomo alcuna ragione di ricercare la stessa femmina, né nella femmina alcuna ragione di ricercare lo stesso uomo. Il ragionamento di Locke cade dunque in rovina, e tutta la dialettica di questo filosofo non lo ha garantito dall'errore che Hobbes ed altri hanno commesso. Avevano essi a spiegare un fatto dello stato di natura, cioè di uno stato in cui gli uomini vivevano isolati, ed ove un uomo non aveva alcun motivo di trattenersi a fianco di un tal uomo, né forse gli uomini di restare a fianco gli uni degli altri, il che è ancor peggio; e non hanno pensato a trasportarsi al di là dei secoli della società, cioè di quei tempi in cui gli uomini hanno sempre una ragione per restare gli uni vicino agli altri, ed in cui un tal uomo ha sovente una ragione di restare a fianco di un tal uomo, o di una tal femmina.

(11) Io non ardirò d'imbarcarmi in riflessioni filosofiche che sarebbero da farsi sui vantaggi e gli inconvenienti di questa istituzione delle lingue: a me non viene permesso di attaccare gli errori volgari, ed il popolo letterato rispetta troppo i suoi pregiudizi per sopportare pazientemente i miei pretesi paradossi.
Lasciamo dunque parlare le persone, alle quali non si fece delitto di osar prendere alcune volte il partito della ragione contro l'opinione della moltitudine.
Nec quidquam felicitati humani generis decederet, si pulsa tot linguarum peste & confusione, unam artem callerent mortales, & signis, motibus, gestibusque licitum foret quidvis explicare. Nunc vero ita comparatum est, ut animalium quæ vulgo bruta creduntur, melior longe quam nostram, hac in parte videatur conditio, utpote quæ promptius, & forsan felicius sensus & cogitationes suas sine interprete significent, quam ulli queant mortales, præsertim si peregrino utantur sermone. Is. Vossius, de Poemat. Cant. & viribus Rythmi, p. 66.

(12) Platone mostrando quanto le idee della quantità discreta, e dei suoi rapporti siano necessarie nelle minime arti, si burla con ragione degli autori del suo tempo, i quali pretendevano che Palamede avesse inventato i numeri all'assedio di Troia, come se, dice questo filosofo, Agamennone avesse potuto ignorare fino ad allora quante gambe avesse. Infatti si sente l'impossibilità che la società e le arti fossero pervenute dove già erano al tempo dell'assedio di Troia, senza che gli uomini avessero l'uso dei numeri e del calcolo; ma la necessità di conoscere i numeri prima di acquistare altre cognizioni, non ne rende l'invenzione più facile da immaginare. I nomi dei numeri una volta conosciuti, è facile spiegarne il senso, ed eccitare le idee che questi nomi rappresentano; ma per inventarli convenne, per così dire, familiarizzarsi con le meditazioni filosofiche, essersi esercitati a considerare gli enti per la loro essenza, e indipendentemente da ogni altra percezione; astrazione penosissima, molto metafisica, pochissimo naturale, e senza la quale nonostante queste idee non si fossero mai potute trasportare da una specie, o da

un genere ad un altro, né i numeri divenire universali. Un selvaggio poteva considerare separatamente la sua gamba destra, e la sua gamba sinistra, o guardarle insieme sotto l'idea indivisibile di una coppia, senza pensar mai di averne due; dato che altra cosa è l'idea rappresentativa, la quale ci dipinge un oggetto, ed altra cosa è l'idea numerica la quale la determina. Meno ancora poteva egli calcolare fino a cinque; e benché applicando le sue mani una sopra l'altra, avesse potuto rimarcare che le dita esattamente si corrispondevano, egli era ben lontano dal pensare alla loro eguaglianza numerica; egli non sapeva meglio calcolare le sue dita che i suoi capelli; e se dopo avergli fatto intendere ciò che siano numeri, alcuno gli avesse detto esservi tante dita nelle mani, quante nei piedi, sarebbe forse rimasto sorpreso, nel paragonarle, dato che ciò era vero.

(13) Non bisogna confondere l'amor proprio, e l'amore di se stesso, due passioni differentissime per la loro natura e per i loro effetti. L'amor di sé stesso è un sentimento naturale che porta ciascun animale a vegliare sulla sua propria conservazione, ed il quale diretto nell'uomo dalla ragione, e modificato dalla pietà, produce l'umanità e la virtù. L'amor proprio non è che un sentimento relativo, fattizio, e nato nella società, il quale porta ciascun individuo a far più caso a se che a chiunque altro, il quale ispira agli uomini tutti i mali che si fanno reciprocamente, ed il quale è la vera sorgente dell'onore.
Ciò ben inteso, io dico che nel nostro stato primitivo, nel vero stato di natura, l'amor proprio non esiste; dato che ciascun uomo in particolare riguardando se medesimo come il solo spettatore che lo osservi, come il solo ente nell'universo che prenda interesse per esso, come il solo giudice del suo proprio merito, non è possibile che un sentimento che prende la sua sorgente nei paragoni che non è a portata di fare, possa germogliare nella sua anima: per la stessa ragione questo uomo non saprebbe avere né odio, né desiderio di vendetta, passioni le quali non possono nascere che dall'opinione di qualche offesa ricevuta; e siccome il disprezzo, o l'intenzione di nuocere, e non il male, costituisce l'offesa, così gli uomini che non sanno né apprezzarsi, né paragonarsi, possono bensì farsi delle mutue violenze, quando possano trarne qualche vantaggio, senza però giammai offendersi reciprocamente. In una parola ciascun uomo non vedendo i suoi simili, che come vedrebbe animali di

un'altra specie, può rubare la preda al più debole, o cedere fa sua al
più forte, senza considerare queste rapine che come avvenimenti
naturali, senza il minimo movimento d'insolenza, o di dispetto, e
senza altra passione che il dolore, o la gioia di un buono, o cattivo
successo.

(14) E' una cosa estremamente rimarchevole che dopo tanti anni che
gli Europei si tormentano per portare i selvaggi di diverse contrade
del mondo alla loro maniera di vivere, essi non abbiano ancora
potuto guadagnarne uno solo col favore del cristianesimo; dato che i
nostri missionari ne fanno alcune volte dei cristiani, ma giammai li
riducono uomini inciviliti.
Nulla può sormontare l'invincibile ripugnanza che essi hanno a
prendere i nostri costumi, e vivere alla nostra maniera. Se codesti
poveri selvaggi sono tanto infelici quanto si pretende, per quale
inconcepibile depravazione di giudizio rifiutano essi costantemente
di cedere alla nostra imitazione, o d'imparar a viver felici fra noi,
quando si legge in mille luoghi, che dei Francesi, ed altri Europei, si
sono rifugiati volontariamente fra queste nazioni, vi hanno passata la
loro intera vita senza poter più abbandonare una così strana maniera
di vivere, e si vedono pure dei sensati missionari rammentarsi con
tenerezza i giorni calmi ed innocenti appresso quei popoli cotanto
disprezzati? Se si risponde che non hanno sufficienti lumi per
giudicar sanamente del loro stato e del nostro, io replicherò che la
estimazione della felicità è meno un affare della ragione che del
sentimento.
D'altronde, questa risposta può ritorcersi contro di noi con maggior
forza ancora; dato che vi è una maggior distanza dalle nostre idee
alla disposizione di spirito in cui converrebbe essere per concepire il
gusto che trovano i selvaggi alla loro maniera di vivere, che dalle
idee dei selvaggi a quelle che può far loro concepire la nostra. Ed
infatti, dietro ad alcune osservazioni, è facile per loro vedere, che
tutti i nostri travagli si dirigono su due soli oggetti, cioè le comodità
della vita, e la considerazione fra gli altri. Ma per noi, qual è il
mezzo d'immaginare qual sorta di piacere possa avere un selvaggio
nel passar tutta la sua vita solo nel mezzo dei boschi, o alla pesca, o
a soffiare in un cattivo flauto, senza saper giammai trarne un solo
suono, e senza curarsi d'impararlo?

Si sono condotti parecchie volte dei selvaggi a Parigi, a Londra, ed in altre città; si ebbe premura di spiegar loro il nostro lusso, le nostre ricchezze, e tutte le nostre arti le più utili e le più curiose; tutto ciò non eccitò giammai in essi che una stupida ammirazione, senza il minimo movimento di cupidigia.

Mi sovviene fra le altre, della storia di un capo di alcuni Americani settentrionali, che si condusse alla corte d'Inghilterra verso il 1725. Gli fecero passare mille cose sotto gli occhi, allo scopo di fargli qualche regalo che potesse piacergli, senza che si trovasse nulla di cui ne facesse conto. Le nostre armi gli parevano pesanti ed incomode, le nostre scarpe gli ferivano i piedi, i nostri vestiti lo torturavano, egli rifiutava tutto; si scorse infine che avendo presa una coperta di lana, sembrava che prendesse piacere ad avvilupparsi le spalle; voi converrete, gli dissero subito, almeno della utilità di questa mobilia. - Sì, rispose egli, questa mi sembra quasi tanto buona, quanto una pelle di bestia. Egli non avrebbe neppur detto questo, se avesse portata l'una e l'altra per la pioggia.

Forse mi si dirà che l'abitudine è quella, la quale attaccando ciascuno alla sua maniera di vivere, impedisce i selvaggi dal sentire ciò che v'è di buono nella nostra: e su questo, deve parere almeno molto straordinario che l'abitudine abbia maggior forza per mantenere i selvaggi nel gusto della loro miseria, che gli Europei nel godimento della loro felicità. Ma per fare a questa ultima obiezione una risposta alla quale non vi sia una parola da replicare, senza allegare tutti i giovani selvaggi, che vanamente si è sforzato d'incivilire, senza parlare dei Groenlandesi e degli abitanti dell'Islanda, che si tentò di allevare e nutrire in Danimarca, e che la tristezza e la disperazione fecero tutti morire o di languore, o nel mare in cui si erano gettati colla speranza di raggiungere il loro paese a nuoto, io mi accontenterò di citare un solo esempio ben testato, e che presento per farlo esaminare agli ammiratori della polizia europea.

"Tutti gli sforzi de' missionari olandesi del Capo di Buona Speranza non furono mai capaci di convertire un solo Ottentotto. Vander Stel governatore del Capo, avendone preso un fanciullo, lo fece allevare nei principi della religione cristiana; e nella pratica dei costumi d'Europa. Fu vestito riccamente; se gli fecero imparare molte lingue, e i suoi progressi corrisposero assai bene alle cure che si erano prese per la sua educazione. Il governatore sperando molto nel suo spirito, lo spedì alle Indie con un commissario generale che lo impiegò utilmente negli affari della compagnia.

Ritornò al Capo dopo la morte del commissario. Pochi giorni dopo il ritorno, durante una visita ch'egli rese ad alcuni Ottentotti suoi parenti, decise di spogliarsi del suo abbigliamento europeo, per rivestirsi di una pelle di pecora. Egli ritornò al Forte con un nuovo vestito, caricato di un fardello che conteneva i suoi antichi vestimenti, e presentandoli al governatore gli tenne il seguente discorso: *Abbiate la bontà, signore, di far attenzione ch'io rinunzio per sempre a questo apparato. Rinunzio altresì per tutta la mia vita alla religione cristiana: la mia risoluzione è di vivere e morire nella religione, maniere, ed usi de' miei antenati. L'unica grazia che vi chiedo è di lasciarmi la collana ed il coltello che porto. Io li conserverò per amor vostro.*

Subito, senza aspettar la risposta di Vander Stel, fuggì, né mai si rivide al Capo. Storia dei viaggi tom. 5, p. 175.

(15) Si potrebbe obiettarmi che in un simile disordine gli uomini invece di scannarsi ostinatamente a vicenda, si sarebbero dispersi, se non vi fossero stati dei limiti alla loro dispersione.

Ma prima di tutto questi limiti sarebbero stati almeno quelli del mondo; se si rifletta alla eccessiva popolazione che risulta dallo stato di natura, si giudicherà che la terra in tale stato non avrebbe tardato ad essere coperta di uomini quindi obbligati a stare riuniti. D'altronde si sarebbero dispersi se il male fosse stato rapido, e che il cambiamento si fosse fatto da oggi a domani; ma nascevano sotto il giogo: avevano l'abitudine di portarlo quando ne sentivano il peso, e si accontentavano di aspettare l'occasione per scuoterlo. Infine di già accostumati a mille comodità che li sforzavano a tenersi riuniti, la dispersione non era più tanto facile quanto nei primi tempi, nei quali nessuno, non avendo bisogno che di sé stesso, prendeva la propria parte senza aspettare il consenso di un altro.

(16) Il maresciallo raccontava che in una delle sue campagne le eccessive bricconerie di un impresario alimentare avendo fatto soffrire e mormorare l'armata, lo rimproverò acremente e lo minacciò di farlo appiccare. "Questa minaccia non mi riguarda, gli rispose arditamente il briccone, e sono a dirvi che non si appicca un

uomo che può disporre di centomila scudi. Io non so come sia andata la faccenda, aggiungeva ingenuamente il maresciallo; ma in effetti egli non fu appiccato, quantunque avesse meritato di esserlo cento volte.

(17) La giustizia distributiva si opporrebbe a questa eguaglianza rigorosa dello stato di natura, quand'anche fosse praticabile nella società civile; e come tutti i membri dello Stato gli debbono dei servigi proporzionati ai loro talenti e alle loro forze, i cittadini a vicenda debbono essere distinti e favoriti in proporzione dai loro servigi. In questo senso bisogna intendere un passaggio d'Isocrate, in cui loda i primi Ateniesi di aver ben saputo distinguere qual era la più vantaggiosa delle due sorti di eguaglianza, l'una delle quali consiste nel far parte degli stessi vantaggi a tutti i cittadini indifferentemente, e l'altra a distribuirli secondo il merito di ciascuno. Codesti valenti politici, aggiunge l'oratore, bandendo questa ingiusta eguaglianza, la quale non mette alcuna differenza fra i cattivi e le persone per bene, si attaccarono inviolabilmente a quella che ricompensa e punisce ciascuno secondo i suoi meriti. Ma prima di ciò non è mai esistita società, a qualunque grado di corruzione si sia potuti giungere, nella quale non si sia fatta alcuna differenza tra i cattivi e le persone per bene; e in materia di costumi, ove la legge non può fissare una misura abbastanza esatta per poter servire di regola al magistrato, per non lasciar la sorte, o il rango dei cittadini alla sua discrezione, saggiamente gli interdice il giudizio delle persone, per non lasciare che quello delle azioni. Non vi sono che i costumi tanto puri quanto quelli degli antichi Romani, che possano soffrire dei censori, e simili tribunali presso di noi avrebbero rovesciato tutto: tocca alla pubblica stima il mettere la differenza fra i cattivi e le persone da bene; il magistrato non è giudice che del diritto rigoroso; ma il popolo è il vero giudice dei costumi, giudice integerrimo ed anche illuminato su questo punto, che s'inganna qualche volta, ma che non si corrompe mai. Deve dunque essere regolato il rango dei cittadini, non sul merito personale, il quale farebbe lasciare al magistrato il modo di fare un'applicazione arbitraria della legge, ma sui reali servigi che si rendono allo Stato, e i quali sono suscettibili di una stima più esatta.

SOMMARIO